# EU란 무엇인가

나카무라 타미오 저
박덕영 · 윤재훈 · 정정민 역

박영사

EU 가맹국
솅겐협정 참가국
솅겐협정 참가후보국
아이슬란드
노르웨이
스웨덴
아일랜드
영국
네덜란드
벨기에
독일
체코 공화국
프랑스
스위스
오스트리아
슬로베니아
크로아티아
이탈리아
보스니아 헤르체고비나
마데이라 군도
(포르투갈)
스페인
포르투갈
몰타
카나리아 군도
(스페인)
모로코
알제리
튀니지
리비아

◇EU가맹국 · 솅겐협정 참가국 일람◇

# 역자 서문

번역자는 2010년 여러 법학자들과 함께 「EU법 강의」라는 책을 출간한 바 있고, 이로부터 2년이 지난 2012년 이 책의 제2판을 출간하게 되었다. 길지 않은 시간이었음에도 이 책은 적지 않은 독자들의 관심을 받았고, 잘 드러나지 않고 있을 뿐, 우리나라 독자들이 EU에 대해 상당한 궁금증을 가지고 있다는 점에 대해 확인할 수 있었다. 2016년 6월 23일 브렉시트(Brexit)가 결정되면서 EU에 대한 관심은 오히려 더 커졌을 것인데, 그러던 차에 개론서를 하나 내고 싶다는 생각을 하게 되었다. 여러 책을 검토하던 중에 일본서의 번역을 결정하게 되었다.

본서의 원전은 일본 와세다 대학교 나카무라 타미오 교수의 「EUとは何か―国家ではない未来の形―」이고, 이를 우리말로 옮기면, 「EU란 무엇인가―국가가 아닌 미래의 형태―」 정도가 될 것이다. 2015년 3월에 초판이 출간된 바 있는 이 책은 우리가 흔히 유럽연합으로 칭하는 EU에 대해 알기 쉽고 친근하게 접근한 입문서로 EU의 역사, 조직 및 제도에 대해 이해하고자 하는 독자들을 위해 번역하게 되었다. 기존에도 EU를 소개하는 책은 더러 있었지만, 한정된 분량과 절제된 서술을 통해 EU의 제도적 측면 전반을 설명하는 경우는 흔하지 않았다. 보다 접근하기 편한 방법으로 EU를 소개하고, 더욱 깊이 있는 연구에 초석을 놓는 것이 이 책의 역할이자 목표라고 할 수 있다.

특히 EU의 특정 분야/법제에 대한 연구서는 어느 정도 활발하게 출간되고 있으나, 막상 입문 단계에서 EU의 전모(全貌)를 아우르는 책이 많지 않고, 더욱이 EU의 기초를 이해하지 못해 전문분야에 대한 연구에서 오류를 범하는 예를 자주 목격하게 된다. 본서의 번역이 이러한 공백과 흠결을 메울 수 있게 되기를 희망한다.

본서는 EU를 '유럽 사람들의 살아있는 거대 정치 프로젝트'로 규정하면서 그 전체상을 총 5개의 장으로 정리하고 있다. 이 책의 제1장에서는 EU의 존재 이유, 제2장에서는 EU의 기능, 제3장에서는 EU의 구조와 운영, 제4장에서는 EU와 세계와의 관계, 마지막으로 제5장에서는 EU의 미래에 대해 다룬다. 앞서 언급된 브렉시트와 시리아발 난민 행렬이 국제문제로 비화되는 등 EU를 둘러싼 국제정세가 크게 변화하자, 이를 반영하여 2016년 10월 원서의 제2판이 나오게 되었다. 본 번역서는 제2판을 기준으로 한 것이다.

본서는 어디까지나 일본에서 출간되어 일본 교수의 시각에서 작성되었으므로, 각종 통계나 제도 비교가 일본을 기준으로 이루어진 점에서, 또 그 서술에서 일본의 입장이 다분히 반영되어 있다는 점에서 우리나라의 독자 입장에서 다소 어색하게 느껴질 수도 있을 것이다. 하지만 우리나라와 일본의 관점을 비교해 가며 약간은 다른 일본의 문화와 사회현상을 함께 엿보는 재미도 있을 것으로 생각된다.

본서가 나오기까지 많은 분들의 도움을 받았다. 먼저 이 책의 번역을 허락해주신 일본 와세다 대학교 나카무라 교수님께 감사드린다. 이 책의 출간을 허락해주신 박영사 안종만 회장님께 감사드리며, 본서의 번역과 출판과정에서 큰 도움을 주신 연세대학교 SSK 기후변화와 국제법연구센터에서 연구교수로 재직 중인 김유철, 이일호 박사와 재직했던 김승민 박사에게도 깊은 감사의 마음을 전한다. 끝으로 책을 꼼꼼하게 다듬고 세밀한 부분까지 챙겨주신 박송이 선생님께도 감사드린다.

앞으로도 주제를 막론하고 양서(良書)가 활발하게 번역되어 학술적 교류에 큰 도움이 되길 바라며, 본서가 그러한 교류에 기여할 수 있기를 바란다.

공동번역 집필진을 대표하여

2018년 4월 봄의 기운이 완연한 광복관에서 박덕영 씀

# 시작하며

### 흩어진 퍼즐 같은 EU

EU(European Union)라는 개념은 바로 머리에 들어오지 않는다. EU란 도대체 무엇인가? 많은 사람들 역시 그렇게 생각하고 있을 것이다. 마치 흩어진 퍼즐과 같다.

EU는 뉴스에 종종 등장한다. 매일 보도되는 유로 환율이 대표적이다. 유로는 EU 국가들의 공통 통화로 알려져 있다. 하지만 EU의 모든 국가에서 사용되는 통화는 아니다. 영국, 덴마크 및 많은 동유럽 국가에서는 각 나라의 통화가 사용되고 있다. 그렇다면 유로화는 무엇을 위해 존재하는가. EU와 유로화는 어떤 관련이 있는가. 유로화가 2010년 전후로 위기라는 보도도 있었다. 위기 탈출을 위해 독일이 그리스 등에 거액의 재정 원조를 한 사실도 알려졌다. 하지만 유로화를 구제하기 위해 EU가 아닌 독일이 그리스를 지원한다는 것은 어떤 이유에서일까. '유로화'라는 퍼즐들 중에서 국가 하나를 떼어 낸다면 그것은 '유로화'라는 측면에서 어떤 의미일까. 또한 '유로화'라는 퍼즐은 더 큰 EU라는 그림의 어디에 위치하게 되는가. 이는 명확하지 않다. 많은 사람들이 그렇게 느끼고 있을 것이다.

2014년에 EU와 관련된 뉴스를 봐도, 퍼즐은 뒤섞인 채로 있다. EU는 2014년 3월 러시아가 우크라이나령 크림반도를 병합한 것에 대항하여 러시아에 경제제재를 가하였다. 5월에는 EU 의회선거가 있었고, 반EU정당이 사상 처음으로 약진하였다. 10월에는 EU 의회선거가 이루어진 결과, EU 유럽위원회의 새로운 위원장과 위원이 임명되었다. 바로소(Barroso) 위원장에 이어 새로운 위원장으로 융커(Juncker) 위원장이 취임했다. 동시에 EU의 얼굴이었던 반 롬퓌이(Van Rompuy) 대신 터스크(Tusk)

가 유럽이사회 이사장(상임의장, 대통령이라 부르는 미디어도 있다)에 임명된 사실이 알려졌다. 이런 단편적인 뉴스는 각기 나름의 의미를 가지는 것이지만, 상호 어떠한 연관을 가질까? 그러나 EU가 무엇을 하며, 어떻게 운영되고 있는지에 관한 지식을 가지지 못한다면 이러한 뉴스 간의 관계를 파악할 수 없고, 그저 수수께끼로 남을 것이다. EU가 러시아를 제재하는 것이 어느 정도의 효력을 가질까? EU에서는 누가 제재 여부를 결정하는가? EU 의회 선거 결과는 EU 운영에 어떠한 영향을 미치는가? EU의 의회는 일본의 국회와 같은 것인가? 유럽위원회와 유럽이사회 등은 무엇을 하는 곳인가?

### 전체상을 가늠할 수 없는 EU

EU는 통합체로서 어떠한 형태를 가지고 있는지 이미지조차 분명치 않다. 국가인지 묻는다면, 그렇지는 않다. 만약 EU가 국가라면—특히 미국과 같은 연방국가라면—EU가 연방정부이고 EU 각국이 주정부라고 이해할 수 있다. 하지만 EU 고유의 연방군도 경찰도 세무서도 없다. 더구나 독일, 프랑스, 영국 등 EU 각국은 여전히 많은 상황에서 EU와 별개로 외교나 안전보장 정책을 펼치고 있다. 무엇보다도 영국의 경우 2016년의 국민투표에서 EU 탈퇴파가 다수를 점하였고, 탈퇴(Brexit)가 현실화되었다. 하지만 원래부터 영국은 독립된 국가였고, EU에서 분리하여 비로소 국가가 된 것은 아니다. 그렇다면 EU는 연방군이나 연방경찰을 가지고 전체를 통치하고, 외교도 연방정부로서 통일적으로 행하고 있는 것은 아니다.

그렇다고 하여 EU를 'UN의 유럽판'으로 볼 수도 없다. EU는 UN보다 훨씬 실효적인 통치력을 가지고 있다. 뉴스에서는 때때로 EU 유럽위원회가 EU 경쟁법 위반을 이유로 미국이나 일본의 대기업에 거액의 과징금을 부과한 사실이 보도된다. UN에는 민간기업에 이러한 개입을 직접 할 수 있는 권력은 없다. EU는 가맹국에 대해서도 UN보다 훨씬 강력한 규범력을 가지고 있다. 유로화 위기 후에 만들어진 EU의 법령에 근거하여, 현재 유럽위원회는 매년 EU 가맹국의 예산안을 엄격하게 심사한다. 특히 유로화를 채택한 가맹국의 경우, 예산안에 비추어 다음 해의 재정적자가 큰 폭으로 늘어나면 유럽위원회는 예산안의 재검토를 명하게 된다. EU 각국, 특히 유로화를 사용하는 국가들은 자국의 예산안조차 자유롭게 만들 수 없다. UN은 가맹국에게 이러한 규율들을 강제할 수 없다.

이러한 관점에서 봤을 때 EU는 UN도, 통상의 국제기구도 아니다. 그러나 기업과 가맹국에 매우 강한 권력을 행사하는 기괴한 초국가적* 통치체이다.

### EU를 몰라서는 안 된다

하지만 유럽을 복잡하고 기묘한 단체라고 외면하거나, 경원시하거나, 이해하지 않으려는 태도는 바람직하지 못하다. EU는 일본과도 경제적, 정치적, 문화적으로 깊은 관계를 가지고 있고, 좋든 싫든 우리들의 생활과 깊은 관련을 맺고 있다. EU의 인구는 미국보다 많은 5억 명이며, 시장규모 및 GDP는 세계의 25%를 차지하는 거대 시장이다. 일본 기업도 유럽 지역(특히 2000년대 이후는 동유럽)에 다수 진출하고 있다. 일본 기업은 EU를 모르고는 유럽에서 경제 활동을 할 수 없고, 유럽 기업과 거래도 할 수 없다. EU는 거대 시장이며, 정치적인 파트너일 뿐만 아니라, 일본 정부의 경제연대협정이나 전략적 파트너십협정 체결 교섭 상대이기도 하다. 이러한 교섭은 일본과 미국 등의 TPP(환태평양전략적경제연대협정) 교섭에 필적하는 중요한 것이다.

우리들의 일상생활에서도 와인 등 EU의 생산물이 넘쳐난다. 유럽에

---

* 역자주: 원문에서는 '월경적(越境的)'이라는 표현을 사용하였다.

서 식품의 생산기준은 대부분 EU에서 규율하는 기준으로 통일되어 있다. 따라서 식품의 안전성을 신경 쓰는 소비자라면 EU가 안전 관련 사항을 제대로 관리하고 있는지 알고 싶을 것이다. 문화적으로도 근대 일본은 유럽의 문화, 예술 및 과학을 대량으로 흡수해 왔다. 이러한 경향은 지금도 마찬가지이다. 최첨단 과학기술로부터 클래식 음악까지 무엇을 배우건 간에 유럽에 유학하고자 하는 사람은 유럽 각국 외에도 EU 차원에서 유학생을 지원하는 장학금 프로그램을 마련하고 있음을 알게 될 것이다.

### 〈국가를 넘어선 미래의 형태〉로서의 EU

사업 및 일상생활 이외에도 EU와의 밀접한 관계를 엿볼 수 있으며, EU에는 더욱 획기적인 의미가 있다. 즉 EU는 '국가를 넘어선 미래의 형태'의 하나로서, 정치, 법, 사상의 실험체라는 관점에서 바라볼 수 있다.

우리들은 국가라는 통치형태에 너무나도 익숙해져 있다. 하지만 최근에는 '국가'라는 형태를 전제로 하여서는 충분히 해결되지 않는 사회, 정치, 경제문제를 겪고 있다. 국경을 넘어 확산되고 있는 환경오염 대책은 초국가적인 협력을 필요로 한다. 어업자원, 열대우림 등 천연자원의 난개발도 마찬가지이다. 일본도 그 일부에 해당하는 열대우림으로부터 목재를 수입하고 있으며, 이로 인하여 열대우림이 감소해 지구 환경은 점점 변화하고 있다. 노동력 문제도 마찬가지이다. 일본은 저출산 · 고령화사회를 맞이하여 노동력 확보 문제에 직면하고 있다.

이와 함께 이민 규제의 완화가 옳은지 여부도 논의할 만한 주제이지만, 일본에서는 거의 금기시되고 있다. 하지만 이대로 괜찮을지 의문이다. EU에서는 역내 이민을 자유화해 왔는데, 이것이 사회에서 불합리한 상황을 야기하였는가? 이와 관련하여 EU의 경험은 참고가 될 것이다. 스마트폰이나 휴대전화 규격, 통신규칙과 관련된 문제도 있다. 이와 관련하여 일본시장의 갈라파고스화(고립화)가 언급된 지 오래이다. 왜 국경을 신경 쓰지 않고는 스마트폰을 사용할 수 없을까?

이러한 문제는, 국가 단위로 매사를 판단하고, 국가라는 형태 차원에서 해결하려는 발상만으로는 충분히 해결되지 않는다. 그렇다고 해서 국가 간에 만들어지는 국제적 제도로 해결되는 것도 아니고, 오히려 잘 해결되지 않는 경우가 많다. 이러한 국제 제도에 세계 관계국 모두가 참가하고 있는 것이 아니기 때문이다. 예를 들어 교토의정서 등 지구온난화 대책을 살펴보면, 유수의 온실가스 배출국이 의정서에 참가하지 않아 그로 인해 온실가스 배출량이 증가했다. 또한 국제적으로 해결해야 할 현대의 문제에는 여러 정책분야를 망라하는 복합적인 문제가 많기 때문에, 특정 목적에 한정된 국제기구만으로도 충분히 해결되지 않는 경우가 많다. 예를 들어서 목재무역을 위해 열대우림을 벌채하는 것으로 생기는 환경문제(기후변화나 생물다양성의 감소)는 무역을 특화한 세계무역기관(WTO)이 충분히 해결할 수 있는 문제도 아니고, 생물다양성에 관한 국제적 제도로 무역 분야를 규제할 수 있는 것도 아니다.

그렇기 때문에 현대를 살아가는 우리들은 국가와 통상의 국제기구를 넘을 수 있는 별개의 시점과 발상을 가질 필요가 있다. 그렇지 않으면 현대사회의 문제에 효과적으로 대응할 수 없다. 이러한 문제의식을 가지고 EU를 바라본다면, 이는 국가도, 통상의 국제기구도 아닌 '미래적 형태'의 실험으로 보인다. 물론 그것이 항상 성공한다는 보장은 없다. 하지만 적어도 어떤 형태인지, 그 형태를 통해 어떠한 성공을 거두었는지 알 필요가 있고, 알고 있다면 우리들의 미래를 설계하는 데 참고가 될 수 있을 것이다.

### EU 퍼즐의 골격 맞추기

따라서 이 책에서는 EU는 무엇인지 알아볼 것이다. EU가 어떠한 목적으로 만들어졌고, 어떻게 발전되어 왔는지, EU는 국가라는 형태로 대응할 수 없는 문제들에 대하여 어떻게 대처하여 왔는지, EU는 어떠한 형태로 운영되고 있는지, EU는 세계와 어떻게 접촉하고 있는지, 국가라는 형태를 취하지 않는 EU와 국가의 관계를 유럽 사람들과 국가들은 어떻게 받아들이고 있는지 등에 대하여 논할 예정이다.

우선, 이 책에서는 EU의 기능(효용)을 '조합과 유사한 것'이라는 측면에서 접근하고자 한다. 나아가, 유럽 '조합'이 무엇을 위해, 왜 만들어졌는지를 설명한다(제1장). 이어서, EU가 지금까지 무엇을 해왔는지 살펴본다(제2장). 여기에서는 EU의 주요 활동성과와 특기할 만한 활동의 특징을 추려 구체적으로 생생하게 그린다. 제1장이 '기'라면 제2장이 '승'에 해당한다.

제3, 4장은 '전'에 해당한다. 제3장에서는 제도로 시점을 전환시켜, 제2장에서 논한 활동성과를 창출하는 기반이 된 EU의 제도와 운영 방법을 설명하고, EU 제도의 독자적인 특징에 대해 알아볼 것이다. 제4장에서는 시점을 역내에서 대외관계로 옮겨 EU의 대외활동 성과, 운영 구조에 대해 설명할 것이다.

'결'에 해당하는 것이 제5장이다. 위 내용 모두를 종합하여, EU란 무엇인지, EU의 미래는 어떠한지에 대해 알아볼 것이다. EU의 형태는 확정되지 않았으며, 자기형성적이다. 유럽 사람들은 EU라는 제도를 만들고 이 제도를 어떻게 발전시킬지 논의하며, 현실의 과제를 발견하여 'EU'라는 제도 차원에서 대처해 나간다. 이러한 과정을 통하여 EU는 점차 실체를 형성해 나간다. 이는 '국가를 넘어선 미래의 형태'를 추구하는 하나의 실천적 시도이다.

이 책에서는 EU라는 기묘한 존재를 이해시키기 위하여 '기본적인 지식, 지도 내지 좌표축'을 독자의 머리에 만들려 한다. 그 기본지도, 좌표축이 있으면 매일 보도되는 단편적인 뉴스와 흩어진 지식들을 스스로

가 연관지어 이해할 수 있게 될 것이다. 그렇게 하면 EU라는 시도가 일상 생활이나 사회에 어떤 의미를 가지는 것인지도 평가할 수 있게 될 것이다. 이 책에서는 큰 그림의 골격을 구성하는 부분의 퍼즐을 맞추어 각자가 남는 퍼즐을 맞춰갈 수 있도록 하는 것이 목적이다.

# 차　　례

# 제 1 장

# EU는
# 왜 존재하는가

# 제1장
# EU는 왜 존재하는가

## EU는 조합과도 같은 것

EU(European Union)는, 유럽 여러 국가와 사람들이 국경을 초월한 공통문제에 공동으로 대처하는 통치 '조합(Union)'이다. 때로는 각국이 개별적으로 대처하는 것보다, 공동의 조합(EU)에서 대화를 나누고, 공통의 해결책(정책, 입법)에 대해 결정하여, 구성원(EU 구성국=EU 각국)이 모여서 조합(EU)의 결정에 따르는 것이 효과적인 경우도 있다. 이러한 공통의 문제를 발견하고 대처하는 제도가 EU이다.

1950년대부터 80년대까지는 EC(European Communities)라 불렸으며, 이는 단일의 경제시장을 만들기 위한 것이었다. 이에 더하여 1990년대 이후에는 외교나 안전보장 등 정치적인 문제도 다룰 수 있는 조합이 되었고, 오늘에 이르렀다.

'조합'은 비유일 뿐이고, EU를 이해하는 단서에 지나지 않는다. EU를 이해해 나가면, 이 비유의 불완전함도 깨닫게 될 것이다(제5장 '주권'에 관한 부분 참조). EU는 전례가 없는 통치체계이다. EU는 인류가 경험하여 이름을 붙여온 통치체제(제국, 국가 중에서도 특히 연방제의 국민국가, 유럽 중세의 로마교황과 세속제후의 이중통치체제 등)와 일부 유사한 부분도 있지만 어느 것과도 일치하지는 않는다. EU의 특성을 기존에 알고 있던 통치제제의 모습에 얽매이지 않고 표현하기 위하여 일단 '조합'에 비유하도록 하겠다.

## 1. EC의 설립동기와 역사적 배경

1950년대, 유럽 여러 국가와 사람들은 2가지 주요한 이유에서 EC를 만들려 했다.

### 유럽의 지속적인 평화 실현

우선은 전쟁이 없는 유럽, 유럽에서의 지속적인 평화를 실현하기 위해서이다. 유럽은 두 번이나 세계대전의 전장이 되었고 많은 희생자를 냈다. 국토도 황폐해졌다. 핵무기까지 등장한 세계대전에서는, 총력전에 의해 모든 사람들이 전쟁의 희생자가 되었다. 두 번 다시 유럽 땅에서 총력전을 반복해서는 안 된다는 것이 1945년 제2차 세계대전 종결 당시 유럽 사람들의 공통된 생각이었다.

하지만 종전 직후 이미 유럽은 미국과 소련 사이 동서냉전의 장이 되어버리고 말았다. 독일은 연합군의 점령통치가 끝난 1949년에 동서로 분단된 국가가 되었다. 베를린이 동서로 분할되고 베를린 장벽이 세워졌다. 같은 시기, 동유럽에 사회주의국가가 탄생했다. 유럽은 동서진영으로

분단되어, 언제 '냉전'이 '열전'이 될지 모르는 긴장 상태에 있었다. 실제로 1950년 여름, 한반도에서 동서진영의 갈등 양상이 나타났을 때 유럽 사람들은 남일 같지 않은 위기감을 느꼈다. 서유럽 국가들과 사람들은 UN만으로 충분한 평화가 달성되기 어려울 것으로 보았고, 유럽 땅에 지속적인 평화를 실현하기 위한 독자적인 조직이 필요하다고 느꼈다.

### 유럽의 경제발전

두 번째는 유럽 경제 부흥과 발전을 위해서이다. 제2차 세계대전으로 황폐화된 국토를 복구하기 위해 1947년에 미국 국무장관 마셜은 서유럽 국가에 자금 원조를 제안하였고(마셜 플랜), 이것이 실행에 옮겨졌다. 하지만 그것은 1951년까지만 이루어졌으며, 1952년 이후 경제 발전을 어떻게 유지할지는 유럽의 과제로 남겨졌다.

### 창조적 정치 — 적대국끼리 손잡는 프로젝트 — 석탄철강공동체의 제안

프랑스 외무부 장관 로버트 슈만(Robert Schuman)은 1950년 5월 9일 이러한 시대의 요청에 부응하는 새로운 조직을 제안하였다. 프랑스, 독일, 이탈리아, 네덜란드, 벨기에, 룩셈부르크 6개국 간에 유럽석탄철강공동체(European Coal and Steel Community, ECSC)를 만들자고 제안한 것이다(슈만 선언). 이 선언의 제안자는 프랑스와 미국의 정부 주요인물들과 인연이 있던 실업가 장 모네(Jean Monnet)였다.

모네는 적대 관계에 있었던 프랑스와 독일이

특정한 구체적 과제에 대해 다른 유럽 각 국가와 함께 협력한다면, 큰 과제인 지속적인 평화도 달성할 수 있으리라 생각했다. 그래서 석탄과 철강에 주목하였다. 이들은 경제발전에 빼놓을 수 없는 자원이다. 하지만 독일과 프랑스는 이를 둘러싸고 갈등을 빚어왔다. 따라서 6개국이 조합(공동체)을 만들어 석탄과 철강을 공동으로 관리하고 평등한 조건으로 유통시킨다면, 갈등의 씨앗을 없앨 수 있고 독일·프랑스 간의 화해에도 공헌하며, 유럽의 지속적인 평화의 첫 걸음이 되어 정치적으로도 의미가 있을 것이라 판단하였다.

### 유럽 석탄철강공동체(ECSC)의 성립

6개국이 슈만 선언을 받아들여, 1951년에 6개국 간 ECSC 설립조약이 파리에서 체결되었고, 1952년에 ECSC가 발족했다. 이것이 EC의 시작이다. EC를 기초로 지금의 EU가 만들어졌으므로, 슈만 선언 당일인 5월 9일을 EU 기념일로 하였으며, 슈만과 모네는 EU의 창설자로 일컬어진다(슈만은 영국에게도 ECSC에의 참가를 요청하였으나, 영국은 ECSC의 조직이 영국의 자주적 결정권−국가주권−을 과도하게 제약하는 점을 꺼려하여 관심을 표시하지 않았다).

물론 ECSC의 설립으로 당시 정치문제가 충분히 해결되었다고 볼 수는 없다. ECSC는 경제활동의 기초가 되는 소재 분야에서의 조합이며, 그것만으로는 경제 부흥과 발전에 충분하다고 보기는 어렵다. 더구나 ECSC가 장기적으로 추구하는 지속적인 평화는 서유럽 내의 평화에 그쳤고, 동서냉전에 대응할 수 있는 군사적 안전보장에까지 이르지는 못했다.

**그 밖의 움직임 — 영미가 주도하는 국제기구 : WEU, NATO, 유럽평의회 (CoE)**

당시 유럽 정세를 보면, 오히려 영국과 미국의 주도하에 서유럽 여러 국가들이 다른 국제기구를 만들고, 지속적인 평화를 실현하려 한 점을 알 수 있다. 동서냉전하에서는 군사적 방위와 안전보장이 중시되었다. 동유럽 국가들의 군사력에 대항하기 위해 서유럽 진영에서 영국, 프랑스, 베네룩스 3국이 뭉쳤고(이것이 향후 군사동맹으로서의 서유럽동맹−West European Union, WEU−이 된다), 거기에 미국, 캐나다, 이탈리아, 포르투갈, 덴마크, 노르웨이, 아이슬랜드를 더한 NATO(북대서양조약기구)가 1949년에 결성되었다.

그 밖에도 1949년 서유럽 각국이 폭주하여 전쟁에 돌입하는 일이 없도록 하는 장치로 유럽평의회(Council of Europe)가 만들어졌다. 민주주의 국가라고 해도 제1차 세계대전 후의 독일(바이마르 공화국)이 나치 독일로 변모하여 제2차 세계대전에 이른 것처럼, 전체주의의 길로 들어서거나, 인권을 침해하여 전쟁에 돌입할 위험이 있었다. 그리하여 민주주의를 지키고 인권침해를 예방하기 위해 영국, 프랑스, 이탈리아, 베네룩스 3국, 아일랜드, 노르웨이, 스웨덴, 덴마크가 유럽평의회를 설립하였다. 여기에 그리스, 터키, 아이슬랜드, 서독도 참여하였다. 유럽평의회는 우선적으로 유럽지역을 위한 국제재판소를 만들어 UN 세계인권선언의 내용을 실효적으로 보장하는 작업에 착수하였다. 이를 위해 유럽인권조약을 체결하고(1950년), 유럽인권재판소를 설치하였다(1959년). 이렇게 영국과 미국을 중심으로 한 전후 유럽에서 평화유지의 틀 만들기도 함께 이루어졌다.

### 프랑스 주도의 군사·정치공동체의 실패

한편 프랑스는 1950년 6월 말에 한국전쟁이 발발하자 유럽방위동공체(European Defence Community, EDC) 및 정치공동체(European Political Community, EPC)에 대한 구상을 전개하였다. 이것은 한국전쟁처럼 냉전이 열전이 되는 사태가 유럽에서 발생하지 않도록 하기 위함이었다. 프랑스는 (동독과의 전선을 이루는) 서독의 재군비가 불가피하다고 인정할 수밖에 없지만, 서독의 군국화는 막아야 한다는, 양립하기 힘든 두 가지 요청에 응답하는 안으로서 이와 같은 대안을 내놓았다. 이 구상에서는, 서독의 재군비를 허용하나, 서유럽 지역 방위에 대해서는 각국이 독자적인 자국군을 움직이지 않고, 유럽방위공동체의 지휘·통솔 아래 각국 군을 유럽군으로서 움직이도록 하고, 또한 유럽정치공동체를 만들어서 유럽방위공동체를 감시한다는 내용이 포함되어 있었다. 이러한 구상도 모네가 제안하였다. ECSC 국가들은 프랑스의 제안에 찬동하여, 조약에 서명하였다(1952년). 하지만, 가장 중요한 프랑스 의회에서 국가의 방위주권에 대한 제약을 꺼려하는 보수파가 다수를 차지하여 조약을 비준(=조약을 의회 등이 승인하는 것)하지 않아 구상은 수포로 돌아갔다(1954년). 그 후, 서유럽 국가들은 대안으로서 서독이 서유럽동맹(WEU)과 NATO에 가맹할 것을 조건으로 재군비를 허용하였다(1955년). 이로써 1950년대 중반 이후, 서유럽 국가들은 동서냉전에 대한 군사적 안전보장에 관하여 영국, 미국이 주도하는 NATO에 그 역할을 위임하게 되었다.

### EC의 등장 — 경제공동체(EEC)·원자력공동체(Euratom)의 성립

하지만 서유럽 국가들의 경제부흥과 발전을 추진해야 한다는 과제는 여전히 남아 있었다. 프랑스 주도의 유럽방위 구상이 사라진 이후, 이번에는 네덜란드가 경제활동 전반을 ECSC 국가 간에 상호자유화하는 '공동시장'을 프랑스와 독일에 제시하였다. 공업국가로서 부흥하고 있던 독일은 유럽이라는 넓은 경제시장을 환영하였다. 하지만 프랑스는 농업 부문의 비중이 커서 이러한 구상에 회의적이었다. 프랑스는 벨기에와 함께 분야가 한정된 공동체로서 원자력 공동체를 구상하였다.

이로써 베네룩스 3국은 ECSC 국가들의 이해관계를 조정하는 역할로 돌아서고, 국가들은 1955년 이탈리아 메시나에서 열린 회의에서 양 안건에 대해 교섭하기로 합의하였다. 그리하여 1957년에 로마에서 EEC(European Economic Community, 유럽경제공동체) 설립조약과, Euratom(European Atomic Energy Community, 유럽원자력공동체) 설립조약이 체결되어, 둘 다 1958년에 발효되었다(다음 사진은 조인식의 모습). 그리하여 1950년대 말에 ECSC, ECC, Euratom의 3공동체가 완성되고, 총칭하여 EC(복수형으로 European Communities)라 불리게 되었다. 1967년에는 3개의 공동체가 각기 갖추고 있던 운영기관이 통합되어 기관 단일화가 이루어졌다.

**EC의 주요기관**

1960년대 말 당시의 EC 기관은 아래와 같으며, 이것이 EU로 계승된다.

- EC는 일정한 입법(EC의 구성국가들과 사람들에게 공통되는 법령을 만드는 것)을 할 수 있기 때문에, 그 부분에 관련된 기관으로 법안을 제안하는 **유럽위원회**(각 나라로부터 독립한 위원들로 구성됨), 이를 심의하여 채택하는 **각료이사회**(각국 정부를 대표하는 장관들의 모임), 법안에 대한 의견을 제시하는 **유럽의회**(EU 모든 국민을 대표하는 회의)를 두었다.
- 다음으로 EC의 입법을 시행하는 기능(=행정)은, 많은 경우 EC 각

국의 정부기관에 위임되었으며, 유럽위원회가 각국 정부의 시행을 감독한다. 유럽위원회가 시행하는 경우도 일부 있다.

– 마지막으로 EC 입법이나 EC 설립조약의 해석 등에 분쟁이 발생한 경우에는 EC의 **사법재판소**가 이를 심판하거나 각국의 국내재판소와 협력하여 재판한다(=사법).

진하게 표시된 부분이 EC의 기관이며, 이들이 EC의 독자적인 입법, 행정, 사법기능을 담당한다. EC의 기관은 거의 그대로 오늘날의 EU 기관이 되었다(상세한 내용은 제3장 참조).

단, 시간이 지남에 따라 다음과 같은 변화도 있었다. 1970년대 중반부터 EC 국가 정상(대통령이나 수상)의 회합도 정기적으로 시작되고, 1980년대 중반에는 정식으로 **유럽이사회**라는 이름의 새로운 기관이 생겼다. 이는 EC/EU의 대국적인 정치방침을 정하거나, 각료이사회에서 결론이 나지 않는 사항을 정하는 곳이다. 또한 1990년대 이후에는 **유럽의회**가 각료이사회와 마찬가지로 법안을 심의하고 채택하는 입법 채택권을 가지게 되었다.

### EC에 대항하는 EFTA의 설립부터 EFTA 국가들의 EC 가맹까지

유럽의 대륙 국가들이 EC 설립에 박차를 가하던 중 영국, 북유럽 국가, 포르투갈 등 서유럽 주변부 국가들은 EEC에 대항하여 EFTA(European Free Trade Association, 유럽자유무역연합)를 설립했다(1960년). 특히 영국은 EC가 입법 기능을 가지게 되어 각국이 자주적으로 입법을 담당할 수 있는 권리(국가의 입법주권)를 박탈하는 상황을 꺼렸다. 또한 캐나다 등 코먼웰스 국가(구 대영제국지역)와의 무역도 기대하고 있었다. 이에 입법권 등을 가지지 않는 EFTA의 설립을 제창하고 주도했다.

하지만 EFTA 국가 간의 무역은 늘지 않았고, 또한 냉전 상황에서 미국은 독일과 프랑스의 화해와 서유럽의 안정을 추구하고 있었기 때문에 영국의 EFTA 설립을 서유럽 내부의 분열로 보아 지지하지 않았다. 영국도 이러한 상황에서 외교방침을 전환하고, 1960년대에는 EC 가맹을 추진하게 되었다. 하지만 당시의 프랑스 대통령인 드골은 영국의 EC 가입을 일관되게 거부하였다. 그래서 영국은 드골 대통령의 퇴임 이후에야 EC에 가입하게 되었다. 이리하여 1973년에 영국, 아일랜드, 덴마크가 EC에 가입하였다. 1981년엔 그리스가, 1986년엔 스페인과 포르투갈이 EC에 가입하게 된다.

### EC의 장기목표 : 지속적인 평화의 실현

이렇듯 EC는 전후 불안정한 유럽 정세 속에서 탄생하였으나, 영국 등을 포섭하여 점차 안정적으로 발전해 나갔다. 경제활동 전반에서 공동시장을 만들어 서유럽의 지속적인 경제 발전을 도모하고, 서유럽 국가 간의 지속적인 평화를 달성하고자 했다. 즉 EC는 경제를 수단으로 한 지속적인 평화의 정치 프로젝트로서 탄생하였다. EEC와 Euratom이 '무기한'의 공동체로서 설립된 것도 이러한 목적을 달성하기 위해서이다. '경제시장을 공동화하면, 서유럽 국가들과 사람들은 그 광대한 시장에 매력을 느낄 것이다'. '국가와 사람 간의 경제적인 상호 의존이 심화될수록 전쟁에서 입는 사람들의 손실이 커지기 때문에, 전쟁을 피하는 사람들이 늘어날 것이다'. 이러한 계산은 옳았다. EC가 공동시장의 실현을 추진할수록 주변 서유럽 국가들도 EC에 가맹하길 원하게 되었다. 그리고 21세기인 현재, EU 국가 간 전쟁은 생각하기조차 어려운 것이 되었으며, 이러한 점이 높게 평가되어 EU는 2012년에 노벨평화상을 수상했다.

## 2. EU의 설립동기와 역사적 배경

### 냉전의 해소 — 공동체의 목적과 제도의 변화 — EC로부터 EU로

하지만 1990년대 이후 현대 유럽에서 EC 설립 초기와 비교하여 정치·경제적 배경이 크게 달라졌다. 특히 1990년 전후로 동서냉전이 해소되어 유럽과 세계의 정세도 크게 변화했다. 따라서 오늘날 EU가 과거 EC가 목적한 바대로 머물러 있지는 않다.

실제로 EU는 1990년대 이후 정치, 경제의 정세변화에 대응하기 위해서 EC를 개조하여 만들어졌다. 1992년에 네덜란드의 마스트리히트에서 체결된 EU 설립조약(마스트리히트 조약)이 오늘날 EU의 원형을 만들었고, EU는 1993년 11월에 발족되었다. 그 후, 조약 개정이 반복되어 현재의 EU는 2009년에 발효된 리스본 조약(EU 설립조약 등을 개정하는 조약)을 기반으로 하여 운영되고 있다.

### EU의 목적

그렇다면 오늘날 EU의 목적은 무엇인가. 그것은 유럽 국가와 사람들을 더욱 정치적으로 연결하여 경제 분야 이외의 공통문제에도 효과적으로 대처하고, 또한 세계 정치와 경제에서 EU의 영향력을 증가시켜 나가는 것이다. EU조약은 '평화와 EU의 가치(=인간 존엄, 자유, 민주주의, 평등, 법의 지배, 인권 존중), EU 내 인민의 행복을 촉진하는 것'이 EU의 목적임을 서술하고 있다.

### 장기목표 1 : 역내의 '자유, 안전, 정의의 지역' 화

EU 역내에서는 유럽 전역에 정치와 사회의 기초가 되는 공통이익(인권보장, 치안 등)이 빈틈없이 보장될 수 있도록 **'자유, 안전, 정의의 지역'** 만들기를 장기 목표로서 추진하고 있다.

예를 들어 EU 각국의 경찰이 긴밀하게 협력하여 범죄자 적발과 체포를 더욱 신속하고 효과적으로 하는 것이 그중 하나이다. EU는 사람의 이동을 EU 역내에서 '자유롭게' 했다. 이에 따라 범죄자도 자유롭게 이동할 수 있게 되었다. 그래서 EU 국가들은 사회 안전을 위해 범죄자가 타국으로 도망한 경우 체포를 용이하게 하기 위하여 **'유럽체포영장'** 제도를 도입했다. EU의 A국에서 살인 등 중대범죄를 일으킨 범죄자가 EU 내의 B국으로 도망가도, A국이 발급한 유럽체포영장으로 B국의 경찰이 그 범죄자를 체포하여 A국에 인도할 수 있다. 중대한 범죄자에 대해서는, 유럽 공통의 체포영장 하나만으로 유럽 어느 나라의 경찰이라도 체포와 인도가 가능한 것이다. 이는 치안과 경찰력의 향상이며, 또한 범죄자를 적발하여 재판하고 올바르게 처벌한다는 '정의'의 신속한 달성에도 기여한다. 하지만 한편으로는 이 체포영장이 만약 A국 경찰의 사실오인이나 잘못된 절차로 인하여 발급된 것이라면, 억울한 사람이 B국에서 체포되어 심각한 인권 침해가 될 수도 있다. 따라서 최근 EU는 '자유', '안전', '정의'뿐만 아니라, 유럽 사람들의 인권보장에도 관심을 가지기 시작하였다.

### 장기목표 2 : 공통안전보장과 방위정책 형성

2010년대에 EU는 구성국 만장일치로 찬성하는 범위 내에서, 유럽 지역의 **군사적인 안전보장과 방위**도 다루게 되었다. 이것이 가능해진 것은 1990년대 말 유럽의 군사대국 영국과 프랑스 간에 NATO와 양립하는 한 EU에 군사적인 안전보장과 방위 임무도 맡길 수 있다는 합의가 이루어진 점, 중립·비동맹정책을 취하는 EU 구성국(스웨덴, 핀란드, 오스트리아, 아일랜드, 몰타)도 EU의 공동방위정책 형성에 가담하지는 않지만 반대도 하지 않는다는 입장을 취한 점에 기인한다. 이에 EU 설립 조약상 EU 국가들이 모두 찬성한다면, 중립·비동맹의 EU 국가들을 제외하고 EU가 **'공통안전보장·방위정책'**을 전개할 수 있게 되었다. 그 정책 아래 각 관련국이 방위 면에서 상호 협력하고, 나아가 각 관련국이 승인한다면 각국 군을 EU 공동방위군으로 편성하는 것도 가능하게 되었다. 이로써 냉전기에 만들어진 군사동맹 WEU는 불필요하게 되었고, 그 임무를 EU가 계승하여 WEU는 2011년에 해산하였다. 1954년에 불발된 유럽방위공동체 구성의 실질은, 2010년대에 EU에 의해 실현되었다.

### 장기목표 3 : '하나의 목소리'로 세계무대에서 활동

세계를 무대로, 유럽 각국은 더욱 많은 문제에 대해 EU 차원의 '하나의 목소리'로 발언하려 하고 있다. 특히 1980년대부터 환경보호나 자유무역 등 국제조약의 교섭 시 유럽 국가들은 EC 단위로(그 후 EU로써) 단결하여 교섭을 선도하여 왔다. 2009년 이후에는 외교나 세계정치에 관한 장면에서 EU의 **상급대표**(High Representative, 외무부 장관과 같은 자리)나 EU의 **유럽이사회의장**(President of the European Council, EU 국가정상회담의 상임의장)이 EU를 대표하여 발언하게 되었다(자세한 것은 제4장 참조).

또한 유럽 국가들은 공동행동을 통해 세계를

상대로 유럽 사람들의 이익을 보장하고 있다. 예를 들어 소말리아 연안의 해적행위로부터 EU 국가들의 상선과 여객선을 보호하기 위하여 EU 국가들의 해군을 EU 합동호위대로 편성하여 파견하는 공동행동 등이 그러한 것이다.

또한 EU는 민주주의, 법의 지배, 인권존중, 인간 존엄의 존중, 평등과 연대, UN헌장과 국제법의 존중이라는 각 원칙에 기반을 둔 세계질서 형성을 시도하고 있다. 이에 오늘날의 EU는 일본 등 역외국가들을 상대로 자유무역을 교섭하는 경우에도 단순히 무역협정만을 체결하려고 하지 않는다. 상대국도 EU와 함께 민주주의, 법의 지배, 인권존중 등 기본원칙을 공유하고 있음을 확인하는 정치협력협정도 함께 교섭하는 것이다.

이렇듯 오늘날의 EU는 안으로는 유럽 국가와 사람들이 더욱 정치적으로 결합되도록 정책을 펼치고, 밖으로는 유럽 경제의 규모를 활용하여 정치적인 영향력을 발휘하며, 유럽 국가들이 공유하는 정치원칙에 기반을 둔 세계질서 형성을 추진하고 있다.

### EU 형성의 경위

오늘날 EU의 목적과 활동이 처음부터 계획된 것은 아니다. EU는 1980년대 이후 유럽과 세계정세의 급격한 변화에 대응하는 과정에서 형태를 갖추어 갔다.

되돌아보면, 1980년대 중반 서유럽 국가 간의 평화는 이미 달성되었고, EC는 당시 1992년의 단일경제시장의 완성이라는 목표를 향하여 정책을 강력하게 추진해 나갔다. 공통화폐인 유로화의 도입도 필요하다고 주장했다. EU 국가의 경기는 좋아졌지만 유럽에는 동서냉전이 남아 있었다.

**'베를린 장벽'의 붕괴 — 냉전의 해소 — 동유럽 국가의 민주혁명**

하지만 1989년 11월 10일 이후 냉전은 사라졌다. 1980년대 중반부터 소련은 정부 주도하에 민주화를 추진하는 정치개혁을 시작하였다. 동유럽 국가들에서도 민주화를 요구하는 시민들의 목소리가 높아졌다. 1989년 동독 정부는 더 이상 국내에서 민주화를 요구하는 시민운동을 억누를 수 없었다. 11월 10일 정부가 동베를린 시민이 서베를린으로 자유롭게 통행할 수 있도록 하자, 시민들은 서베를린으로 쏟아져 들어왔고, 베를린 장벽에 올라 벽을 부수며 자유의

노래를 불렀다(영화 '굿바이 레닌'은 당시 베를린의 모습을 코믹하게 그리고 있다). 1990년에는 동·서독이 재통합하여 단일국가가 되었다. 기타 동유럽 사회주의국가에서도 차례차례 민주혁명이 일어나 자유시장경제의 민주주의국가로 전환되어 갔다. 1991년에는 소련이 붕괴되어 러시아가 되었고, 동서냉전이 끝났다.

**정책과제 1 : 동유럽으로부터의 이민**

동서냉전의 해소는 유럽정치의 전제를 크게 변화시켰다. 무엇보다도 유럽의 범위가 동유럽 전체로 확장되었다. 보다 엄밀하게는 본래 유럽의 범위가 부활했다. 하지만 부활한 대형 유럽에는 경제공동체로서의 EC만으로 충분히 대처할 수 없는 새로운 문제들이 산적해 있었다.

예를 들면 1990년 당시 동유럽 국가들의 경제발전은 서유럽 국가들보다 훨씬 뒤처져 있었다. 이로 인하여 서유럽 국가들은 동유럽 국가들의 체제전환에 따른 경제혼란으로 인해 서유럽 국가의 풍족한 생활을 찾아 대량의 이민이 발생할 가능성을 우려하였다. 하지만 당시의 EC는 역외로부터 오는 이민자들을 EC 차원에서 규제할 권한이 없었다. 한편 EC의 역내에서는 사람들의 이동이 자유로웠다. 특히 솅겐협정으로 인하

여 어느 국가가 일단 역외로부터의 이민을 받아들이면, 이 이민자들이 다른 EC 국가로도 자유롭게 이동할 수 있었다. 따라서 역외로부터의 이민에 대한 규제에 대해 EC 차원에서 공통적으로 대응해야 한다는 목소리가 높아졌다. 하지만 당시 역외로부터의 이민에 대한 규제는 EC의 각 가입국의 권한이었고, EC에는 아무런 권한도 없었다.

### 정책과제 2 : 주변국 분쟁과 유럽 안전보장

또한, 예를 들어 여러 민족이 혼재하는 발칸반도에는 사회주의 국가 유고슬라비아가 있었지만, 냉전해소 후 분열하여 여러 개의 작은 국가들이 독립했다. 그중 하나인 보스니아·헤르체코비나에서는 민족대립으로 인하여 전쟁이 발생하였고(1992년), '민족정화'라는 미명하에 시민의 대량 학살이 반복되었다. EC 역내에서는 평화가 달성되었지만, 역외의 인접국에서 발생한 내전과 심각한 인권침해에 대하여 EC는 아무것도 할 수 없었다. EC는 군사적 개입이 가능한 조합으로 만들어진 것이 아니기 때문이다. 군사동맹인 NATO 역시 NATO 구성국 이외 국가의 내전에 개입하는 것에 대해 신중한 태도를 취했다. 이렇듯 냉전해소 후 거대 유럽에 새로운 문제가 속속 부상하는 가운데, 서유럽 국가들은 경제공동체 EC를 바꾸어, 거대 유럽의 공통문제에 대처할 수 있는 구조로 만들어야 한다고 생각하게 되었다.

### 정책과제 3 : 경제의 글로벌화에 대한 대응

또한, 동서냉전의 종언은 유럽 경제의 상황도 전환시켰다. 사회주의 경제국가였던 러시아도, 동유럽 국가도 자본주의의 자유시장 경제국가가 되어 더욱 많은 경제활동이 급격한 속도로 글로벌 시장에 펼쳐지게 되었다. 유럽 사람들 역시 유럽 시장만으로 만족하지 못하고, 글로벌 시장에서의 경제활동을 더욱 많이 요구했다. 그럴수록 유럽의 경제시장도 글로벌 경제시장의 동향에 좌우되게 되었다. 예를 들면 2000년대의 유로화 위기도 미국의 금융위기로부터 연쇄적으로 발생한 것이다(제2장 참조). 이로써 유럽 국가는 유럽 단위의 경제발전을 추구하는 것만으로는 부족하고, 글로벌 시장경제에서의 경쟁에 대응하는 정책도 펼칠 필요가 있다고 여기게 되었다.

### EU의 설립과 확대

이렇듯 1980년대까지 EC가 축적한 성과와, 1990년대 이후 정치·경제 상황의 근본적 변화로 인하여 EU 설립조약이 체결되고, 1993년에 EU가 발족되었다. 그 이후에도 EU 국가들은 조약의 개정을 거듭하여 EU의 목적과 임무를 점차 명확히 해 나갔다. 그리하여 EU는 세계에서 평화, 안정, 번영의 상징이자, 정치·경제력이 있는 교섭상대가 되었다.

EU의 발전과 함께 가입국도 증가하였다. 1995년에는 스웨덴, 핀란드, 오스트리아가 EU에 가입했다. 2000년대에는 동유럽과 남유럽 국가들이 가입했다. 2004년에는 에스토니아, 라트비아, 리투아니아, 폴란드, 체코공화국, 슬로바키아, 헝가리, 슬로베니아, 몰타, 키프로스가, 2007년에는 루마니아, 불가리아가, 2013년에는 크로아티아가 가입했다. 현재 EU는 28개의 구성국가를 거느리고 있다.

### 새로운 세대를 위한 EU — 생겨나는 고민들

이렇듯 EU는 1990년대까지 1950년대의 기본정신에 따라 발전해 왔다. 전쟁을 겪거나 전쟁의 여파를 고스란히 받은 전쟁 직후 세대가 전쟁 경험과 반성을 토대로 이를 뒷받침해 왔다. 하지만 2000년대에 들어 전쟁을 모르는 세대, 태어났을 때부터 EU나 유로화가 있던 세대가 사회의 다수를 차지하게 되었다. 급기야 EU의 대응력을 시험하는 듯한 위기가 차례차례 찾아오기 시작했다. 이슬람 원리주의를 표방하는 자들에 의한 테러활동(본서 제4장), 유로화 위기(본서 제2장), 시리아로부터 아프가니스탄에 걸친 지역에서 내전과 정세 불안정으로 인한 많은 난민들의 EU 역내 유입(본서 제2장), 또한 2016년 6월 영국의 EU 탈퇴(Brexit) 국민투표(본서 제5장) 등은 모두 기존 EU 통치제도의 한계나 취약성에 따라 EU의 존재의의를 의심하게 된 사례이다. 전후 유럽의 항구적 평화가 당연시되는 오늘날, 유럽 사람들은 그 다음의 무언가를 EU에 요구하고 있다. EU의 장기목표는 전술한 세 가지에 있으나, 현재 유럽 사람들이 매일 실생활에서 겪는 문제에 비하면 너무나 추상적이다. 따라서 EU 국가들이나 유럽 사람들로부터 'EU는 무엇을 위해 존재하는가', '구체적으로 어떠한 장점이 있는가', 'EU가 없다면 어떠한 곤란함을 겪게 되는가'라는 의문이 심각하게 제기되고 있다(본서 제5장). EU나 각국 정치 단위에서는 아직 이에 대한 설득력 있는 대답을 내놓지 못하고 있다.

### [1960년대, 2010년대의 유럽 국제기구의 구성]

**1960년대의 유럽**

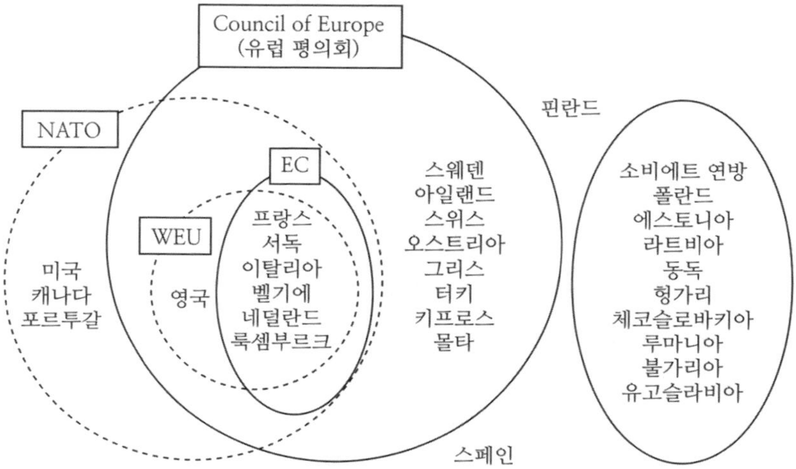


**2010년대의 유럽**

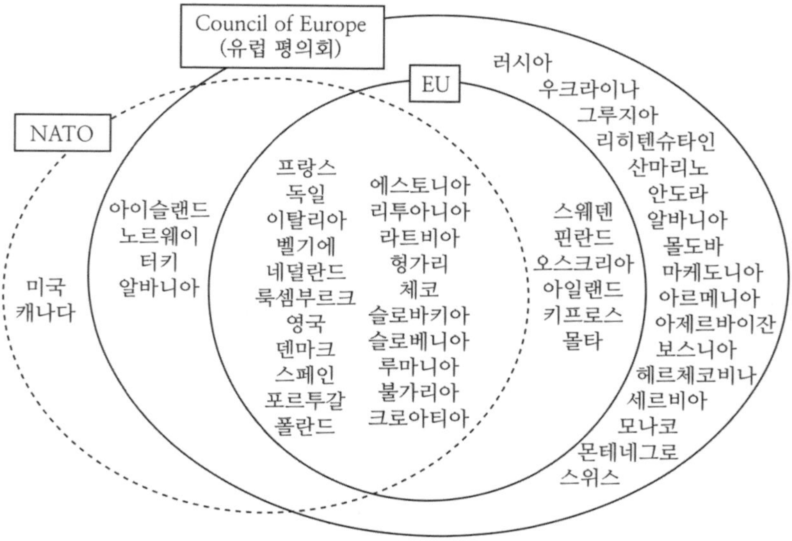

WEU는 2011년에 임무를 다하고, EU로 계승되었다.

## 칼럼 : EU의 규모

현재의 EU는 인구, GDP, 무역 총액 어느 것에 있어서도 세계 최고 내지 유수의 규모를 지닌다.

인구(2011년, 백만 명) GDP(2011년, 10억 달러) 무역(2011년, 10억 달러)

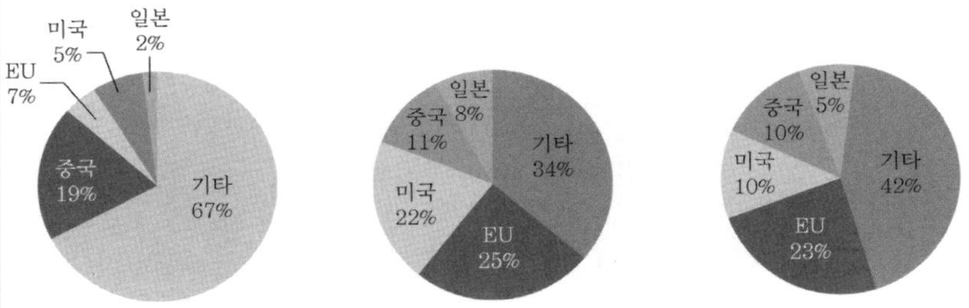


| | 인구 (2014년, 백만 명) | GDP (2015년, 10억 달러) | 무역(수출+수입) (2014년, 10억 달러) |
|---|---|---|---|
| **일본** | 127 | 4123 | 1502 |
| **EU** | 508 | 16220 | 11821(역내 7774) |
| **미국** | 319 | 17094 | 3968 |
| **중국** | 1364 | 10983 | 4306 |
| **기타** | 4942 | 23898 | 15579 |
| **세계** | 7261 | 73171 | 37177 |

출처 : 일본 외무성 'EU 현황과 일-EU 관계(통계편)', 2016년 5월

일본과 비교하여 EU의 인구는 약 4배, GDP는 3배, 무역액은 6배 이상이다. EU 구성국의 영토 중 EU가 관여하는 영역의 면적은 442만㎢로서 일본의 약

11배이다. EU 가맹국들과 인근 역외국의 육상 경계선은 약 12,000km에 달한다. 해상의 경제적 경계선을 이루는 배타적 경제수역도 지중해로부터 대서양과 북해에 이르기까지 길게 늘어져 있다.

# 제 2 장

# EU는 무엇을 할 수 있으며, 어떤 일을 해 왔는가

# 제2장
# EU는 무엇을 할 수 있으며, 어떤 일을 해 왔는가

### EU의 권한과 활동성과의 확대

EU는 무엇을 할 수 있고, 어떤 일을 해 왔는가? '할 수 있는가?'는 능력과 권한, '해 왔는가?'는 활동성과를 중심으로 하는 질문이다(권한이란 지정된 목적과 범위에서 행사할 수 있는 권력을 의미한다. 예를 들어서 소방관은 불을 끄는 목적과 범위 내에서만 방수(放水) 권한을 가진다. 소방관이 화재도 발생하지 않았는데 집에 물을 발사해서는 안 된다－방재훈련은 예외).

EU는 기본이 되는 조약(EU조약과 EU 운영조약)에 기반을 두고 만들어진 조합이기 때문에, 기본조약에 정하는 목적과 권한 범위 내에서 능력을 가지며, 목적과 권한을 넘어 활동하는 것은 허용되지 않는다(이것은 '**권한부여의 원칙**'이라 불린다).

하지만 EC는 이미 유럽의 단일경제시장을 설립하고, 시장에서 사람들의 활동의 자유를 보장하기 위하여 많은 권한을 가지고 있었다. 더구나, 그 활동에 불가결한 권한이 EC조약의 명문에 없을지라도 EC 국가 모두가 찬성한다면 이를 행사할 수 있도록 되어 있었다. 실제로 기본조약에 쓰여 있지 않은 정책분야에 대해서도 EC는 서서히 권한을 행사하게 되었고, 활동성과를 올리게 되었다. 예를 들면 경제활동의 결과로 생기는 사회문제(환경보호, 소비자보호 등)에 대처하기 위해서 권한이 행사되고, 성과가 축적되었다. 이후 기본조약이 개정될 때 이러한 실적을 추인하는 형식으로 환경정책 등 새로운 분야에 대한 권한이 조약에 명시되었다.

1990년대 초에 냉전 후 유럽에 적합하도록 EU가 창설되고, 이때 경제영역을 넘어 정치영역(역내 경찰협력, 공동외교활동, 안전보장 등)에서도 활동하기 위한 목적과 권한을 인정받았다(제1장 참조). 이렇게 하여 EU의 목적과 권한은 더욱 넓어졌다. 하지만 역사적으로 말하면, 이미 EC 시대에서 권한이 상당히 확대되고 축적되어 왔기 때문에 그 연장선상에서 인정된 권한도 많다.

### EU는 국가가 아니다

하지만 아무리 권한을 넓게 가진다 하여도, 여전히 EU는 국가와 같이 영토 내 인민에 대하여 전면적인 통치권한을 가지는 통치체제는 아니다. 국가와 달리 EU는 절대적인 강제력을 가지지 않는다. 직접 사람을 징병하거나 직속의 군대와 경찰도 조직할 수 없다. 직접 사람들에게 과세할 수도(대외공통관세율 설정은 제외) 없다. 고유의 영토를 획정하거나 스스로 국민의 범위를 정의할 수도 없다. 이러한 절대적 강제권력은 EU의 각 나라가 국가로서 행할 수 있는 것이고, EU에는 그러한 권한이 없다. 물론 유럽에는 EU가 언젠가는 국가가 되었으면 하고 바라는 사람들도 있지만, 그렇게 생각하지 않는 사람도 많다. EU가 장래 어떠한 통치체제가 될 것인지는, 그 자체가 유럽 사람들에게 매일매일의 정치적 과제이며, 그 답은 사람들의 실천에 맡겨져 있다(제5장 참조).

## EU의 활동성과 — 법제도와 정치에 좌우되다

한편 EU에 권한이 있다 하더라도 이를 EU가 항상 최대한 행사할 수 있는 것은 아니다. EU의 활동성과는 때에 따라, 임무와 정책영역에 따라 제각각이다. 또한 그 이유도 다양하다. 때로는 EU에 권한이 있으나, 그 권한 행사에 소극적이었던 경우도 있다. 또한 EU의 권한이 좁은 영역도 있었다. 이에 더하여 외교나 안전보장, 방위 분야와 같이 EU 단위에서 권한을 행사하기 어려운 구조였던 분야도 있다.

심지어 1990년대 이후 EU는 대부분의 정책분야에서 **'보충성원칙'**에 기반을 두고 권한을 행사하게 되었다. 이는 '더 큰 단위의 사회는, 더 작은 단위의 사회가 충분히 할 수 없는 일만을 보완적으로 담당해야 한다'는 기독교(카톨릭이나 칼뱅파) 사회사상에서 유래한 행동원칙이다. EU는 각 국가가 개별적으로 담당하기보다는 EU 전체 차원에서 대응하는 것이 정책의 규모나 효과 면에서 나은 경우에 한하여 권한을 행사해야 한다는 것이다. 이것이 1990년대 조약개정에서 EU조약에 **'보충성원칙'**으로서 명기되었다. 이에 더하여, 2000년대 조약개정에는 EU의 권한 행사를 목적 달성에 필요한 범위 이내로 한정한다는 **'비례성원칙'**도 명기되었다.

이러한 이유로 EU에서의 활동성과는 EU법(권한 유무, 범위, 보충성, 비례성원칙)과 제도(권한행사의 구조)에 의해 제약된 면도 있었고, 행사과정에서 적극, 소극성에 영향을 받기도 하였다. EU 제도에 대해서는 제3장에서 서술한다. 이 장에서는, EU의 주요 활동성과를 보면서 점차 EU의 권한이 확대된 과정을 따라가 보도록 한다. 한편 이하에서는 역사적으로 보아 엄밀하게는 EC라고 표시해야 할 때도 EU라고 표시하고, 특히 구별이 필요한 경우에 한하여서만 EC라고 한다. EC의 활동성과와 권한 대부분이 EU에 계승되어, 대개 역사적으로 연속되어 있기 때문이다.

## 1. 통합의 원점 — 경제공동체의 형성

### 유럽 경제시장의 창설

EU 활동성과의 핵심은 유럽 단일경제시장의 형성, 그리고 그 시장 내 자유경쟁의 보장에 있다. 이는 지금까지 EU의 권한이 가장 많이 행사된 분야이다.

무역 자유화는 제2차 세계대전 이후부터 오늘날까지 세계 대다수의 나라에서 공통되는 정책목표이다. 세계대전 직후에는 수입품에 대한 관세와 수량제한이 남아 있었다. 이에 세계 다수의 국가가 1947년에 GATT(관세와 무역에 관한 일반협정)를 체결하고, 상품무역의 자유화를 추진하기 위해 수량제한을 철폐하며, 관세를 단계적으로 인하하기로 하는 데 합의하였다. 서유럽 지역의 국가들은 GATT보다 더 나아가, 물품뿐만 아니라 서비스 무역이나 투자 등 경제활동 전반의 자유화를 꾀하여 전후 경제부흥과 지속적인 평화를 달성하기 위한 구상을 하였다.

이 구상을 뒷받침한 것은 자유시장경제 이론이었다. 자유시장경제 이론에 따르면 각국 시장보다 큰 시장을 유럽에 만들어 여러 사람과 기업에 경쟁의 기회를 평등하게 보장하면, 지금보다 효율적으로, 적시에 수요에 따른 공급이 이루어질 것으로 본다. 이러한 시장에서의 자유경쟁을 통해 수요와 공급이 균형을 이루는 최적 가격이 형성되고, 자원의 낭비가 방지되고, 높은 효율로 자원의 배분이 이루어질 것이다. 이렇게 해서 경제활동 전반이 더욱 촉진되어 더 큰 경제성장을 기대할 수 있다.

이에 서유럽 국가 간의 경제활동 전반을 자유화한 공동시장(Common Market)을 형성하기 위해 EC를 설립하고, 필요한 권한을 EC에 부여하였다. EC는 경제활동의 자유화를 촉진하는 입법의 권한, EC 설립조약에서 정한 자유화를 추진하지 않은 구성국을 EC의 재판소에서 재판하는 권한, 공동시장에서의 자유경쟁을 방해하는 기업들을 단속하는 권한 등을 가진다. 이것이 오늘날 EU에도 계승되었다.

### 단일시장의 형성

공동시장은 EU 역내(=EU 국가 간) 경제활동의 자유화와 EU 역외(=EU에 속하지 않은 국가들과의 관계)에 대한 공동정책의 확립이라는 두 측면으로 이루어져 있다. 역내에서는 무역장벽을 거두어 내고 자유경쟁을 유지하며, 역외에서는 EU 국가들이 단결하여 EU 공통관세 등의 무역장벽을 GATT에 반하지 않는 범위에서 남기며, EU 공동통상정책을 전개한다.

EU 역내에서는 국경을 넘어 상품, 서비스, 자원, 노동력이 자유롭게 이동할 수 있는 상태를 만드는 것을 목표로 한다. 자유이동을 실현하기 위해서는 이를 막는 규제조치, 예를 들면 각국이 수입품에 부과하는 관세나 수량제한, 서비스 공급자에게 부과하는 자격제한이나 면허제도, 외국인 노동자에 대한 출입국관리 등을 없앨 필요가 있다. 이 중 대부분은 EU 산하의 구성국 정부에 의한 규제이다. 여기서 EU의 기본조약(특히 EU 운영조약=구 EC 설립조약)은 다음과 같은 기본원칙을 정하여 구성국에 그 원칙을 보장할 의무를 부과하였다. 또한 EU에는 필요한 입법권한을 부여하였다.

- EU 역내에서 상품, 서비스, 자본, 노동자가 자유롭게 이동할 수 있다(네 가지 자유).
- EU 법이 관련된 범위에서는 국적에 기초한 차별이 금지된다(국적차별금지의 원칙).
- EU는 구성국가 간 규제의 차이로 인해 자유이동이 침해되는 것을 막기 위해서 각국의 법을 통일시키는 입법을 할 수 있다(조화입법의 권한).
- EU는 공동시장을 운영하기 위하여 그 밖에 필요한 입법을 할 수 있다(필요한 입법의 권한).

EU 역외국가(일본 등)에 대해서는, EU 국가들이 단결하여 EU 차원에서 공통관세를 부과하고 공동의 통상정책을 취하기로 했다. 이에 EU 기본조약은 다음과 같은 점들을 정하였다.

- 대내적으로는 상호 관세를 철폐하나, 대외적으로는 공통의 관세를 도입한다(관세동맹).
- 대외적으로 EU가 EU 국가 공동의 통상정책을 전개한다(공통통상정책 권한).
- EU는 통상에 관한 국제조약을 교섭하고 체결할 수 있다(통상협정의 체결권한).

역외 국가들에 대한 EU의 활동성과와 권한은 제4장에서 논한다. 이하에서는 역내에서의 활동성과와 권한의 확대과정을 개괄적으로 본다.

### 상품의 자유이동 — 관세장벽 · 비관세장벽의 철폐

역내 공동시장의 형성은 상품무역의 완전한 자유화로부터 시작되었다. 상품 자유이동의 원칙에 따라 EU 각국은 원칙적으로 다른 EU 국가들로부터의 수입을 제한할 수 없고, 국산품보다 불리하게 취급하여서는 안 된다. 따라서 수입품에 관세나 수량제한도 부과할 수 없다. 내국세도 수입품과 국산품에 동일하게 과세한다.

또한 상품 자유이동의 원칙은 관세나 수량제한과 동등한 효과가 있는 조치(=관세나 수량제한 그 자체는 아니지만, 역내수입을 방해하는 결과를 가져오는 각국 정부의 조치)도 원칙적으로 금지했다. 이른바 '비관세장벽'의 많은 부분도 없어져야 하는 것으로 간주되었다. EU 재판소는 이에 더하여 1979년의 카시스드디종(Cassis de Dijon) 사건에서 'EU 내의 A국에서 적법하게 제조 · 판매된 상품은 원칙적으로 EU 내의 B국에서도 자유롭게 유통될 수 있다'고 인정하였다. 하지만 동시에 EU 각국 정부는 사람, 동물,

식물의 생명과 건강 보호, 탈세와 불공정거래의 방지, 소비자보호 등 공익목적의 상품유통 규제는 정당하게 할 수 있음을 규정하였다. 이리하여 역내 자유무역이 원칙으로 인정되는 한편 각국의 정당한 유통규제는 예외로서 남게 되었다.

예외적으로 규정된 각국의 규제 중, 무엇을 부당한 규제(비관세장벽)로 다룰지는 어려운 문제이다. 무엇이 '정당'한 규제인지를 둘러싸고 EU에서는 많은 재판이 열렸다. 대표적인 예를 보자.

**[정당한 규제로 인정되지 않은 사례 ― 마루가타 마가린 사건(1982년)[1]]**

본 사건 당시 벨기에 법률은 마가린을 네모난 용기에 넣어 판매해야 한다고 규정하고 있었다. 독일 사업자가 독일의 원형 용기에 들어 있는 마가린을 벨기에에 수출하려 하자, 벨기에는 법률에 근거하여 이를 거부했다. 독일 사업자는 이 벨기에의 법률이 상품의 자유이동을 막아 EU법 위반이라고 고소하였다. 벨기에 정부는 모양을 지정하지 않으면 국내 소비자가 버터와 마가린을 혼동하기 때문에 마가린은 사각형으로 판매하고 있다고 설명하였다. 벨기에 재판소로부터 사안을 위탁받은 EU 사법재판소는 벨기에 법률이 EU법 위반이라고 판단했다. 상품의 자유이동이 원칙이며, 이를 제한하는 효과가 있는 조치(벨기에 법률)는 예외이다. 원칙이 형해화되지 않기 위해서는 예외를 좁게 해석할 수밖에 없다. 따라서 제한효과가 있는 조치가 정당한 예외인지는엄격하게 심사한다. 이에 제한을 가하는 목적이 정당한지, 목적을 달성하기 위한 수단이 필요한 범위를 넘지는 않았는지, 특히 목적을 달성하는 수단이 너무 과하지 않은지를 심사한다. 사안에서 소비자를 혼동하지 않게 하려는 목적은 정당하다. 하지만 그 목적을 달성하기 위한 수단으로 마가린의 모양까지 규제할 필요는 없으며, 라벨로 마가린이라고 표시하면 혼동은 피할 수 있다. 수단이 목적에 비해 지나치므로(비례성 결여) 본 벨기에 법은 정당하다고 할 수 없으며, EU법 위반이라고 판단했다.

**[정당한 규제로 본 사례 — 독한 술의 판매규제 사건(1982년)[2)]]**

마가린 사건과 비슷한 시기에 벨기에의 다른 법은 알콜 도수가 22도 이상인 독한 술은 레스토랑 등 공중이 모이는 장소에서 판매도 제공도 하지 못하게 되어 있었다. 이는 본래 제1차 세계대전 직후에 알콜중독인 사람이 많아져 이러한 사람들이 늘어나지 않도록 하기 위하여 만들어진 법률이었지만, 그 후에도 오래 유지되었다. 이 법률에 위반하여 독한 술을 제공한 레스토랑 점주가 벨기에 재판소에 기소되었다. 점주는 벨기에 법률로 인하여 EU 역내국의 독한 술을 가게에서 제공할 수 없고, 나아가 상품의 자유이동이 막히기 때문에 벨기에 법률이 EU법 위반이라고 주장하였다. 벨기에 재판소로부터 사건을 위탁받은 EU 사법재판소는 본건 벨기에 법률이 정당한 규제이며 EU법 위반이 아니라고 판단하였다. 왜냐하면 이 법률은 알콜의존증을 방지한다는 공중보건 보호에 관한 정당한 목적을 가지고 있으며, 사람들이 모이는 장소에서의 판매와 제공을 금지할 뿐이기 때문이다. 다른 방법으로 판매와 제공(술집에서 개인이 구매하는 등)을 금지하는 것이 아니다. 따라서 이러한 규제는 정당한 목적을 달성하기 위하여 필요하고, 상품의 이동을 막을 가능성은 낮으며, 목적에 비해 과중한 수단은 아니라고(비례성이 있다고) 평가할 수 있다. 결국 본건 벨기에 법률은 정당하며 EU법에 위반되지 않는다고 판단되었다.

이상의 사건들은 각 국가의 규제 법률이 정당한 공익목적(소비자를 혼동시키지 않는 것, 시민 건강을 지키는 것)을 달성하는 수단으로 적합한지 여부가 문제되었다. 재판소는 해당 법률이 정당한 공익목적을 추구하는지, 목적을 달성하기 위해 필요한 범위의 수단인지, 수단이 목적에 비해 과중하지 않은지(비례성 결여가 아닌지)를 심사했다. 양 사건은 모두 같은 기준을 가지고 판단하였지만, 결론은 달라졌다. 이 두 사건의 차이는 수단의 중대성(무역제한효과)의 차이로부터 발생했다. 마가린 사건의 경우 형태의 규격에 맞지 않으면 수입을 일절 할 수 없게 된다. 독한 술의 경우 공중이 모이는 장소 이외에서의 판매는 허용되기 때문에 수입은 여전히 가능하다. 이것이 재판의 결과를 바꿨다. 일반적으로 EU 사법재판소는 수입을 일절 막는, 무역제한효과가 강한 조치 대부분을 EU법 위반으로 본다. 이러한 판례가 축적되어 1970－80년대 불황을 겪던 유럽에서도 공동시장의 실현을 향해 꾸준히 나아가는 모습을 볼 수 있었다.

**비관세장벽의 추가적 삭감**

하지만 판례는 개별 사안에 대한 답변이기 때문에 일반적으로 적용할 수 있는 원칙을 판례로부터 명확하게 찾아내기는 어렵다. 심지어 소송이 없다면 답 자체를 얻어 낼 수 없다. 따라서 각 나라에 남는 부당한 규제를 판례의 축적만으로 신속하고 확실하게 없앨 수는 없다.

따라서 EU에서 일반적으로 적용할 수 있는 규칙을 입법하여 비관세장벽을 줄여 나가야 했다. 실제로 EU에는 각국의 규제를 접근시켜 조화롭게 할 수 있는 입법권한도 주어져 있었다. 하지만 당시 운영구조가 이러한 입법권 행사를 막고 있었다. EC 설립 초, EC 각국은 각 국가의 의사와 별개로 EC가 독자적으로 입법하는 것을 우려하고 있었다. 그리하여 EC가 각 국가의 법을 조화하는 입법을 할 때에는, EC 각국의 정부대표 회의에서 만장일치로 채택하도록 하고 있었다. 만장일치 방식은 1개국이라도 반대하면 채택할 수 없는 것이기 때문에, EC 각국은 거부권을 가진 셈이었다. EC 입법의 채택은 난항을 겪었다.

그동안 1970년대 초의 국제통화 불안정과 석유파동 등으로 세계경제의 성장은 멈춰 있었다. 유럽 경제는 80년대 초반까지 오랜 정체를 겪었다. 한편 일본과 미국은 1970년대 말까지 경제성장을 회복하고, 기술 혁신도 행하며 세계시장에서의 경쟁력을 강화시켜 나갔다.

### 들로르 유럽위원회 — 1992년 역내 시장통합

EC 국가들은 유럽 경제성장의 회복을 위한 새로운 중심을 찾아, 1985년에 자끄 들로르(Jacques Delors)를 유럽위원회 위원장으로 임명했다.

들로르가 이끄는 유럽위원회는 바로 1992년 말까지 '역내시장 완성'을 목표로 하는 시장통합백서를 발간했다. 역내시장에는 많은 비관세장벽이 남아 있었다. 분류하면 물리적 장벽(국경검문 등), 기술장벽(제품안전기준의 차이), 세금장벽(부가세가치와 소비세 세율의 차이 등)의 세 종류의 비관세장벽이 있다. 들로르는 EC 입법에 따라 이들을 삭감 내지 조화시켜 단일시장을 실현하는 것을 제안했다. 구성국들은 이에 찬성하였고, 1986년에 EC 설립조약을 개정하여 시장통합계획 실현에 필요한 EC 입법을 위해서 만장일치 제도를 폐지하고 각료의사회에 의한 다수결(국가별 가중표에 의한 다수결) 제도를 채택하였다.

시장통합계획은 대부분 성공했다. 1992년 말까지 계획대로 거의 280여 개의 EC 입법이 이루어졌다. 국가별로 천차만별이라 상품의 자유이동을 막던 안전기준이나 제품규격도, EU가 최소한의 기준·규격을 공통으로 설정하고 이를 충족시키면 상호 유통시킬 수 있는 것을 원칙으로 하게 되었다. 자본의 자유이동은 이 시기에 실현되기 시작했다. 노동자의 자유이동을 위하여 필요한 법령은 1970년대까지 대부분 채택되어 있었기 때문에, 한 발짝 더 나아가 노동자는 아니지만 상대 국가에 장기 체류하여도 그 국가의 재정적으로 부담이 되지 않는 사람들(스스로 생활할 수 있는 자금이 충분히 있고, 포괄적인 질병보험을 들은 사람, 퇴직자, 학생)에 대해서도 자유이동과 장기거주를 인정하는 입법이 이루어졌다.

하지만 계획대로 되지 않은 부분도 있었다. 특히 세금장벽의 제거에는 실패했다. 과세권은 EU 각 국가가 놓지 않는 권력 중 하나로서, EU 입법으로 제한되는 것을 꺼렸다. 또한 서비스의 자유화는 금융업 등 일부 업계에서 실현됨에 그쳤다. 서비스의 전반적인 자유화는 2006년의 서비스 지침으로 불리는 EU 입법을 통해서 이루어졌다.

### 자유경쟁의 유지 — EU 경쟁법

각국 시장을 통합하여 유럽의 단일시장을 만들어도 자동적으로 자유경쟁이 실현되는 것은 아니다. A마을과 B마을이 공동 축구장을 만들어도, 파울플레이(반칙행위)가 없는 시합이 자동적으로 실현되는 것은 아닌 것과 같은 이치이다. 축구장(경제시장)의 정비와 선수(경제주체)의 행위는 별개이고, 선수는 페어플레이도 파울플레이도 한다. 페어플레이를 확보하기 위해서 경기를 규율하는 규칙과 심판이 필요하듯, 공동시장에 있어서도 자유경쟁을 유지하기 위한 법령과 심판이 필요하다.

경제시장에서 자유경쟁을 규율하는 규칙, 즉 자유경쟁을 방해하는 행위와 자유경쟁시장 본래의 기능을 해하는 행위를 단속하는 규칙을 '경쟁법'이라고 한다. 일본으로 치면 독점금지법이 경쟁법의 하나이다. EU에는 EU 운영조약(=구 EC 설립조약)에 기본적인 규칙이 정해져 있다. 여기에 EU의 입법을 통해 여러 규정이 보충되어 왔다. EU에서의 심판은 유럽위원회가 맡아서 위반기업을 적발하고, 과징금을 부과해 왔다. 2004년부터는 위반조사의 건수도 증가하였기 때문에 유럽위원회는 EU 각국의 경쟁법 담당기관과 분담하여 위반행위 단속에 임하고 있다. 경쟁법 분야에서 유럽위원회의 활약은 눈부시다.

자유시장경제에서 일어나는 파울플레이의 대표적인 예는, 경쟁상대에 대한 방해이다.

**[마이크로소프트 사건(2004년)]**

본건에서는 개인 PC를 연결하는 네트워크 서버 OS시장에서의 경쟁방해가 문제되었다. 서버를 위한 OS시장과 개인 PC를 위한 OS시장은 별도 시장이다(개인 PC 유저가 서버 OS를 구매하지는 않는다). 하지만 기술적으로 밀접한 관계가 있다. 서버가 개인 PC와 네트워크를 연결하기 위해서는 서버 OS가 개인 PC의 OS와 교신해야 하며, 서버 OS 개발회사가 개인 PC용 OS의 인터페이스에 대해 알지 못하면 서버 OS의 개발이 불가능하다.
마이크로소프트사는 개인 PC의 OS 시장에서 독점상태에 가까운 시장 점유율(95%)을 가지고 있었다. 서버 OS 시장에서는 마이크로소프트사와 SUN사가 경쟁하고 있었다. SUN사는 마이크로소프트사에 개인 PC용 OS 인터페이스의 정보공개를 요청했지만, 마이크로소프트사는 이를 거부했다. 이에 SUN사가 경쟁방해를 이유로 마이크로소프트사를 유럽위원회에 고발했다. 유럽위원회는 마이크로소프트사가 개인 PC의 OS 시장에서 가지고 있는 지배적인 지위를 남용하여 개인 PC의 OS 시장과 밀접하게 관련된 서버 OS 시장의 경쟁을 부당하게 배제하였음을 인정했다. 이에 마이크로소프트사에 4억 9700만 유로(약 646억 엔)의 과징금을 부과하고 필요한 인터페이스를 합리적 조건으로 SUN사에게 공개하도록 하였다(Case COMP/C－3/37.792).
마이크로소프트사는 유럽위원회의 결정에 대해 EU 재판소에서 다퉜지만 패소했다(Case T－201/04, Microsoft v. Commission [2007] ECR II－3601; ECLI:EU:T:2007: 289). 그 이후에도 명령에 따른 정보공개를 충분히 하지 않았다는 이유로 2008년에는 유럽위원회에 8억 9900만 유로의 과징금을 물었고, 재판에서 다퉜지만 패소하여, 2012년에 8억 6천만 유로(약 1290억 엔)의 과징금을 물었다(Case T－167/08, Microsoft v. Commission ECLI:EU:T: 2012:323).

1989년, EU 합병규정의 채택으로 유럽위원회가 가지는 경쟁법상의 권한은 더욱 확대되었다. 이것은 기업과 기업이 병합함으로써 자유경쟁 상태가 없어질 수 있는 경우에도, 유럽위원회가 규제를 가할 수 있도록 한 규칙이다. 이로써 유럽위원회는 더욱 강력한 EU 경쟁법 집행기관으로 발돋움했다.

EU 경쟁법은 이렇듯 자유경쟁시장을 유지한다는 경쟁법의 일반적인 특징을 가진다. 하지만 이외에도 EU만의 독자적 특징도 가지는데, 공동시장을 형성하는 목적에 이바지한다. 이에 유럽위원회는 공동시장에 다시 국경선을 그어 시장을 분할하는 기업의 행위가 설사 경제적 합리성이 있다고 해도 경쟁법 위반인 것으로 보았다. EU 재판소도 이러한 입장을 지지하고 있다. 다음 사건이 최초의 사례이다.

**[그룬디히 사건(1966년)[3]]**

1960년대 초반 독일의 가전(라디오 등) 메이커인 그룬디히사(G)는, EU 각 나라에 한 독점판매자를 두는 계약을 하고, 각국 독점판매자에게는 담당국 이외에서 G사의 제품을 팔지 못하도록 하였다. 프랑스에서는 콘스턴사(C)를 독점판매자로 지정하였다. 또한 G는 프랑스 상표법에 기반하여 GINT 상표를 등록하여 C사에게만 그 상표를 사용하도록 하였다. 상표권은 브랜드의 신용을 얻기 위하여, 유사품에 상표권자 허락 없이 그 브랜드를 함부로 사용하는 자가 있는 경우 이를 배제할 수 있는 권리이다.

G와 C의 계약은 경제적으로는 합리성이 있었다. 세계대전의 기억이 남아 있는 당시, 독일의 G가 프랑스 시장에 제품을 파는 것은 쉬운 일이 아니었으며, 프랑스에서 적극적으로 판매해 줄 사람이 필요했다. 판매자 C가 프랑스에서의 판매에 동의했을 때, G는 C가 프랑스에서의 판매촉진활동에 안심하고 전념할 수 있도록 C를 G제품의 독점판매자로 하고, 또한 C에 상표권을

부여하여 프랑스 시장에서 타인이 판매하는 행위를 막도록 했다. 이러한 장치가 없다면, 프랑스 내에 C의 광고에 편승하여 G제품을 C보다 저렴하게 판매하는 다른 판매자가 등장할 수 있기 때문이다. 또한 이러한 예상이 가능하면 C는 판매촉진활동에 투자할 의사가 없어질 것이다. C에게 프랑스에서 G제품을 독점 판매하도록 하면 프랑스에서 G제품의 판매경쟁(=브랜드 내 경쟁)은 없어진다. 하지만 C가 적극적으로 판매를 촉진한다면 G제품과 다른 가전 메이커의 유사제품 간의 판매경쟁(=브랜드 간 경쟁)은 증가할 것이다. 따라서 경쟁은 유지되고, 소비자에게도 손해는 없을 것이다.

하지만 유럽위원회도, EU 사법재판소도 G와 C의 합의를 EU 경쟁법 위반으로 보았다. C가 역내 공동시장인 프랑스에서 G제품에 대한 수요를 혼자 충족할 수 없을 때, 타국의 G제품 판매자가 프랑스에 제품을 판매할 수 있어야 한다. 하지만 G의 각국 독점판매자는 타국에 판매하지 않는다는 계약을 체결했기 때문에 판매할 수 없다. 만약 판매하였다 해도 다른 나라의 G제품에는 GINT 상표가 부착되어 있지 않기 때문에, C는 이러한 제품이 C의 GINT 상표권을 침해하는 것임을 주장하여 시장에서 배제할 수 있고, 결과적으로 판매를 막을 수 있다. 그 결과 G제품에 대해서는 프랑스 시장이 공동시장으로부터 완전히 분리되어, 프랑스 내에서는 G제품 판매자 간의 경쟁(브랜드 내 경쟁)이 사라진다. 이는 경쟁제한에 해당하며, 기업이 역내에서 국경선을 그어 공동시장을 분할하는 것으로서, 공동시장 형성에 역행하므로 위법이라고 판단되었다.

이 사안은 EU 역내 경제시장의 통합이라는 목표의 중요성을 나타낸다. 위 사안에서 G와 C는 G제품의 판매 시 프랑스 국경선에 따라 유럽 경제시장을 분할해 버렸다. 이것은 경제활동에 국경이 없는 단일시장을 만든다는 목표에 정면으로 반한다. 이러한 행위는 그 자체로 용납될 수 없는 것으로, 이를 경제적 논리로 정당화하는 것도 일체 허용되지 않는다. 다시 말하자면, EU 경쟁법은 단순히 자유경쟁을 유지하는 법에 지나지 않는 것이 아니라, 공동시장의 형성을 촉진하는 수단(공동시장의 형성을 저해하는 행위를 배제하는 수단)으로도 사용되었다. 이러한 점을 간과한 기업은 2000년대에 들어와서도 유사한 판결을 받아야 했다(2003년 야마하사건 Case COMP/37.975 PO/Yamaha).

### 공통정책

EU는 일부 경제활동부문에 있어 각국 정책과 제도를 폐기하고 EU의 정책과 제도로 바꾸어 통일해 버리는 대담한 시도도 해 왔다. 공통농업정책과 공통통화정책이 대표적인 예이다.

### 공통농업정책

공통농업정책은 EC 설립조약에서부터 예정되어 있던 것으로, 1960년대 말 EC의 대외공통관세 정책과 병행하여 이루어졌다. 당시 공통농업정책의 목표는 역외로부터의 저렴한 농산물 수입에는 공통관세를 부과하여 방어하고, 역내 농산물에 대해서는 시장가격을 일정하게 유지하여 농가에 경제적 안정을 보장하는 것이었다. 여기서는 시장의 자유로운 가격경쟁을 보장하기보다는, EU가 시장에 직접 개입하여 가격을 인위적으로 일정하게 유지하였다(가격지지정책). 농작물이 풍작이고 가격이 폭락한 경우에는 EU가 매입하여 가격을 회복시켰고, 흉작으로 가격이 뛴 경우에는 EU가 비축분을 방출하여 가격을 낮추는 방법으로 가격을 조작하였다. 이러한 정책은 EU 내에서 자유경쟁을 원칙으로 하는 공동시장에 대한 중대한 예외였고, 세계무역의 관점에서는 유럽 농업의 보호주의에 해당한다.

매입과 비축에는 방대한 비용이 소요된다. 1970년대 EU 예산의 90% 전후, 1980년대에는 80% 전후가 공통농업예산에 사용되었다. 또한 가격이 조작되는 한 농가는 과잉 생산을 해도 손해를 입지 않기 때문에, 농산물이 과잉 생산되기에 이르렀다. 이미 1970년대에 '버터의 산', '와인 호수'가 생겼다. 1980년대에 자유경쟁론자인 영국 대처(Thatcher) 수상은 이러한 불합리를 비판하였지만, 농업부문을 무시할 수 없다는 다른 국가들의 저항이 커서 정책개혁은 이루어지지 않았다.

1990년대에 들어 농업부문의 비중이 큰 동유럽 국가들의 EU 가맹이 가시화되었다. 한편 GATT의 후신인 WTO(세계무역기관)가 설립되어 세계적으로 농업보조금 삭감이 공통적인 과제가 되었다. 이에 EU 국가들도 공통농업정책 개혁에 착수하게 되었고, 서서히 가격지지 대상품목을 줄이고 농가에 직접보조를 하는 방향으로 정책을 바꾸게 되었다. 또한 방대한 농업예산도 삭감되었다. 삭감분의 대다수는 '지역정책(=EU 역내의 경제발전이 늦은 지역과 도시에 보조금을 지급하여 지역격차를 시정하는 정책)' 예산으로 전환되었다.

**[EU의 재정지출(1958년-2008년)]**

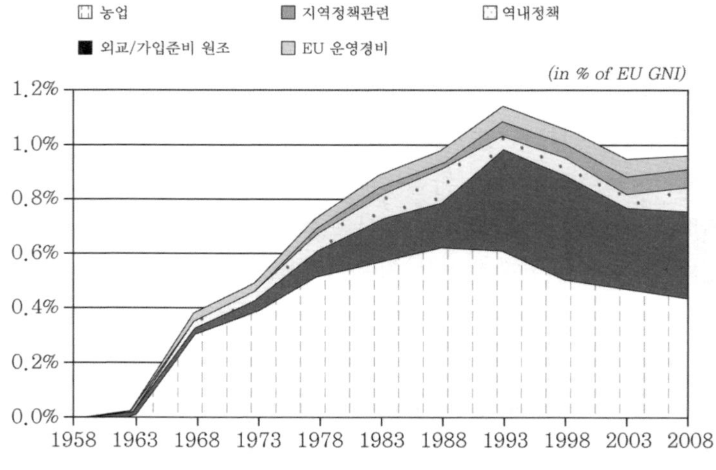

**공통통화정책**

공통통화정책은 각 국가의 통화를 폐지하고 EU 공통통화인 유로화를 사용하는 것으로, '유럽중앙은행제도(유럽중앙은행과 각국 중앙은행 간의 네트워크)'가 통화공급량의 조정 등 통화정책을 독립적으로(=EU 각국 정부로부터도, EU의 다른 기관으로부터도 영향을 받지 않고) 결정하고 실시하는 것이다. 정책의 제1목표는 '물가안정'이다.

단일통화에 관한 구상은 1970년대 초 국제통화가 불안정하던 시기에 EU 국가 간에 향후 대책의 일환으로 논의되었다. 그러나 1980년대 말에 이르러 비로소 현실적으로 논의가 본격화되었다. 당시 들로르 유럽위원장의 시장통합계획 아래 자본의 자유이동이 실현되기 시작하였고, 상품이동의 자유화도 이루어졌다. 이러한 상황에서 단일통화를 도입하면 더욱 큰 경제적인 효과를 얻을 수 있을 것이라 여겨졌다. 예를 들면, 단일통화가 도입되면 환전 없이도 역내를 여행할 수 있다. 또한 각국 물가의 차이가 일목요연해져서 가격경쟁이 심화될 것이다. 기업은 보다 폭넓게 자본을 조달할 수 있고, 투자자에게는 환율변동이 없어 장기투자가 용이해진다. 이로써 경제 전체가 더욱 성장할 수 있다.

하지만 EU 국가들로 하여금 공통통화정책을 도입하도록 하는 촉매제가 된 것은 오히려 정치적인 요인이었다. 1970년대부터 EU 국가들은 환전시장을 안정시키기 위해 통화정책에 협조하였고, 1980년대에는 독일의 통화 마르크를 기축통화로 하여 통화정책에 협조하였다. 그리하여 독일의 통화정책이 EU 국가들의 통화정책을 사실상 지배하게 되었다. 프랑스 및 기타 국가들은 통화정책에 관한 권한을 각국으로부터 EU에게로 이전하여 모든 국가들이 공동으로 행사하게 된다면, 통화정책에 대한 자국의 영향력을 복구할 수 있을 것이라 생각했다. 또한 프랑스는 유럽 공통의 통화가 세계통화 달러의 대항마가 되기를 오랫동안 꿈꾸고 있었다. 한편 독일은 1989년 베를린 장벽의 붕괴에 이어 이듬해에는 통일로 인해 대국이 되었고, 타국으로부터 위협적인 존재로 여겨졌기 때문에, 유럽연합의 맹약에서 이탈하지 않고 오히려 앞장서겠다는 뜻을 타국에 표명할 필요성이 있었다. 따라서 기존 통화정책의 중심목표인 '물가안정' 등 경제적 전제조건을 다른 국가들이 수용한다면 EU에 통화정책 권한을 양보해도 좋다고 하였다.

이에 마스트리히트 조약(1992년 서명, 93년 발효)을 거쳐 EU에게 공통 통화정책에 관한 권한이 주어졌고, 일정한 준비단계를 거쳐 공통의 통화를 도입하게 되었다. 자본을 자유롭게 이동할 수 있도록 하고, 유로화를 사용하는 국가가 충족해야 할 일정 조건('수렴기준'이라 불린다)을 내세워, 달성이 확인된 국가 간 환율을 고정하여 유로화를 도입하는 것이다. '수렴기준'이란 통화의 안전성(물가, 장기금리, 환율 안정)과 재정의 건전성을 의미하며, 이러한 기준을 만족시킨 EU 각국은 자국의 통화를 유로화로 바꾸게 되었다.

하지만 영국과 덴마크는 유로화 도입 의무를 부담하지 않았다. 유로화에 회의적인 영국은 조약교섭 시 공통통화정책 도입에는 반대하지 않으나, 자국은 유로화 도입의무를 부담하지 않겠다는 내용의 거래에 성공했다. 덴마크에서는 1992년 국민투표로 마스트리히트 조약의 비준이 부결되어 같은 해 말에 영국과 동일한 특례를 EU 국가들로부터 인정받았고, 1993년 다시 국민투표를 하여 찬성을 받아 비로소 마스트리히트 조약을 비준했다.

1993년 마스트리히트 조약 발효 후 EU 국가들은 조약에 정해진 준비를 하였고, 1998년에는 유럽중앙은행이 설립되었다. 1999년에 '수렴기준'을

달성한 국가 간 환율이 고정되고, 은행 간 거래로 유로화가 도입되었다. 2002년에는 유로현금통화가 유통되게 되었다. 현재 유로화 사용국(유로권역)은 EU 28개국 중 19개국에 이른다.

통화정책에 관한 권한은 EU의 유럽중앙은행제도에 이관되었지만, 재정정책(=세금 등 국가의 수입원을 어떻게 확보할지, 예산편성을 통해 국가의 지출을 어떻게 할지에 관한 정책)은 구성국 고유의 권한으로 남아 있다. 하지만 통화정책도, 재정정책도 경기조정의 수단으로서 통화의 유통량과 관련되기 때문에, 상호 관련성 안에서 균형을 유지해야 하는 관계에 있다. 따라서 유로화를 도입한 국가들은 재정정책이라고 하여 마냥 자유롭게 결정할 수 있는 것은 아니고, EU의 공통통화정책에 반하지 않는 범위 내에서 결정하게 되었다. 구체적으로는, 국가재정의 건전성기준(단일연도 재정적자가 그 나라 GDP의 3% 이내이고, 또한 정부누적채무가 그 국가 GDP의 60% 이내여야 한다)을 지켜야 하며, 이 기준에 위반한 국가는 '안정성장협정'에서 정하는 절차에 따라 제재대상이 된다. 또한 EU 기본조약에는 유럽중앙은행을 비롯한 각국 중앙은행도 적자재정국의 국채를 구입하지 않는다는 규정과 EU, 구성국 모두 적자재정국의 채무를 인수하지 않는다는 규정이 명시되어 있다.

### 유로화 도입에 따른 위기

유로화의 출발은 순조로웠다. 독일 마르크를 대체하는 유력한 통화로서 빠르게 세계시장의 신임을 얻었다. 하지만 유럽 국가들의 재정정책을 규율하는 것이 어렵다는 사실이 밝혀졌다. 2002년부터 2004년까지 매해 프랑스와 독일이 재정건전성기준을 지키지 못했다. 안정성장협정의 규정대로 제재를 가하였어야 하나, EU 국가들은 정치적 판단으로 제재절차를 중단하였고, 안정성장협정을 개정하여 핵심내용을 삭제하였다. 이로써 유로화 국가들의 재정정책에 대한 규율은 실효성을 잃었다.

그러던 중 2007년에는 미국발 금융위기가 발생하여, 이것이 연쇄적으로 각국의 재정적자를 심화시켰다. 미국에서는 2000년대 초반 주택 붐에 편승하여 은행이 변제능력이 낮은 사람들에게도 대출을 과다하게 해주었다(서브프라임 론). EU 각국의 은행도 이러한 대출에 간접적으로 관여했다. 2007년에 주택 붐이 사라지고 대출금을 회수할 수 없는 상황이 발생하자 미국의 대형투자은행이 도산했다. 유럽에서도 은행의 경영이 급격히 악화되었다. EU 각국은 자국의 은행을 구제하기 위하여 재정지출을 확대시켰다. 각 국가들은 국채 발행량을 늘렸고, 재정적자의 폭이 커졌다.

2009년에는 유로 국가 중 하나인 그리스의 재정적자가 심각한 사실이 밝혀졌다. 그리스는 국채를 신규 발행하였으나 팔리지 않았으며, 이미 발생한 국채의 상환(=국가 대출금의 변제)기일을 지킬 수 없는 재무적 위기 상태에 놓이게 되었다. 이와 같은 재정의 불건전성 문제는 다른 유럽 국가들에게도 영향을 미치기 시작했다. EU 기본조약은 EU, 유럽중앙은행, EU 각국의 중앙은행을 대상으로 재정적자에 시달리는 유로 국가들의 구제를 금지하고 있다. 하지만 누군가가 적자 상태인 유럽 국가들의 재정을 지원하지 않으면 유로화 제도의 성립조건 자체가 무너지고 유로화가 금융시장에서의 신용을 잃을 수밖에 없는 상황이었다. 2010년의 상황은 '유로화 위기'로 불리게 되었다.

### 유로화 위기대책

EU 국가들은 논의를 거듭하였다. 유일하게 영국은 EU의 권한확대에 결사반대했다. 따라서 EU 기본조약을 개정하여 재정적자인 유로 국가를 구제할 수 있도록 하거나, 구제를 위한 재원을 EU 차원에서 새로 마련하거나 하는 것은 정치적으로 달성하기 어려웠다. EU 기본조약 개정을 위해서는 모든 EU 국가의 승인이 필요한데, 영국은 이 규칙을 이용한 것이다. 하지만 그리스의 긴급사태에는 신속히 대응해야 했다.

우선 독일 등 재정에 여유가 있는 일부 국가들이 직접 그리스에 재정을 지원했다. 이어 EU도 천재지변 등 비상사태로 곤란에 직면한 구성국을 지원할 수 있는 권한에 근거하여 소규모의 기금을 만들어 그리스를 지원했다. 하지만 이 정도 지원으로는 그리스의 채무위기를 해결할 수 없었다. 오히려 다른 유로 국가에도 재정위기가 확산되었고 그런 나라들도 지원해야 했다.

다음 대책으로, 유로 국가들은 3년 한도의 국가 간 특별 재정지원기금회사를 설립했다. 이는 EU 제도 밖에 있는 임시회사이다. 이 회사가 IMF(국제통화기금)과 연계하여 그리스 등의 재정위기국에 고액의 재정적 지원을 시작했다. 그 후 이 임시회사를 발전시켜 기한의 정함이 없는 국제기구인 '유럽안정화기구(ESM)'를 만들었다. ESM도 EU의 외부에 있는 기구이다. 유로 국가들은 EU라는 안채의 증축(=조약개정)이 불가능하자, 마당에 별채(=ESM)를 만들어 이로 하여금 지원토록 한 것이다.

이와 병행하여 EU 각국의 재정정책을 EU가 엄격하게 감독하도록 하는 방향의 개혁도 이루어졌다. 감독은 각국의 매년 예산편성에까지 미쳤으며, 재정적자를 심화시키는 예산안에 대해서는 EU가 이를 수정하도록 권고하고, 이에 따르지 않으면 해당 국가를 제재하는 제도를 만들었다. 또한 형해화되어 있던 '안정성장협정'도, 재정건전성기준을 지키지 않는 유럽 국가에 현실적으로 제재를 가할 수 있는 실질적인 제도로 복귀시켰다. 그 밖에 EU 각국의 거시경제정책에 대해서도 협조를 강화하기 위한 수단이 마련되었다.

### 위기 대책의 대가 — 민주주의와의 긴장

이를 통해 유로화는 통화로서의 신용을 지킬 수 있었다. 하지만 유로화를 유지하기 위하여 치른 대가도 컸다. EU 내 민의의 이반, 정치적 긴장이 그것이다.

유로화 위기에 대처하는 과정에서, 각국의 재정정책은 EU에 의해 한층 더 엄격하게 감시받게 되었다. 하지만 현실적으로 EU 역내시장은 아직 진정한 하나의 시장이라고 보기 어렵다. EU 각국의 경제구조에도, 성장률에도 큰 차이가 있다. 게다가 각국 재정정책을 엄격한 건전성의 틀에 일률적으로 끼워 맞추는 것은, 경제구조의 전환이 어렵고 성장률이 낮은 국가의 정부와 국민에게는 받아들이기 어려운 것이다(EU에 대한 민의 이반). 더구나 정치적으로는 각국 재정정책권한이 명목상으로나마 존재하고, 재정은 여전히 각국 의회의 동의를 얻어(=민의에 근거하여) 결정한다는 재정민주주의 원칙에 기초를 두고 있다. 그러나 재정적자를 겪고 있는 유로 국가들의 관점에서 자국의 경제상황에 부합하다고 생각되는 재정정책과, 공통통화정책을 지지하는 측(유럽중앙은행, EU 각 기관, 재정지원국)이 요구하는 그 국가에 합당한 재정정책 간에는 큰 차이가 있었다(적자국과 EU 간의 정치적 긴장).

예를 들어, 적자재정을 안고 있는 A국과 B국에는 경제성장이 이뤄지지 않은 채 많은 실업자가 있다고 하자. 하지만 EU 통화정책은 경제성장을 계속 이루고 있으며 실업자가 적은 C국과 D국을 포함한 유로 전체를 위한 것이기 때문에, A국과 B국의 개별 상황에 반드시 적합하지는 않다. 그렇다면 A, B국의 의회나 정부가 민의를 반영하여 고용창출을 위해 적극적인 재정지출(공공사업 전개 등)을 추진하면 좋겠지만, 이는 EU의 적자재정감시제도에 의해 허용되지 않는다. 그렇다고 A, B국의 실업자가 EU 역내의 타국에 자유롭게 이동할 수 있는가 하면, 현실적으로 전문기술자나 전문직, 독신의 청년층을 제외하고 거의 이동하지 않는다. 언어 장벽, 자녀 교육, 부모 간호 등 다양한 가족의 사정이 있기 때문에 가족 전부의 이주도, 해외취업도 쉽게 결정할 수 있는 사안은 아니다. 결국 A, B국은 공통통화정책에 의해서도, 각국 재정정책에 의해서도 유효

한 대책을 세우지 못하고, 국내의 실업자를 줄이지 못하게 된다. 다른 나라로 인구가 이동하는 것도 아니다. 결국 국내에는 반EU 여론만이 들끓을 뿐이다(EU의 민의 이반, 정치적 긴장). 이렇게 되면 될수록 EU 국가 국민들의 폭넓은 지지가 필요한 EU 기본조약 개정 등도 정치적인 어려움을 겪게 된다. 기본조약을 개정하여 공통통화정책의 근본적인 부분을 바꾸거나, EU에 재정정책권한의 일부가 있음을 인정하기 어려워지는 것이다. 현실적으로 유로권역 내 재정적자국가들 중 다수는 이러한 상황에 놓여 있다.

2014년 5월 유럽의회선거에서는 위와 같이 유로화 제도나 실업에 대한 민중들의 불만이 거세져, EU 사상 처음으로 반EU 정당이 전의석의 13% 정도를 차지하기에 이르렀다. 현재 EU는 통화정책은 EU, 재정정책은 각 국가라는 분업 상태를 유지하면서도 적자재정국의 민의 이반을 막기 위해 그 국가의 재정적자를 해소시켜야 하는 난제에 직면해 있다.

### 공통의 사회문제에 대처

EU 활동은 유럽이라는 단일시장을 만들어 단일시장 내에서 자유경쟁을 확보하는 것을 중심으로 이루어졌다. 하지만 경제경쟁의 자유화에는 명암이 있다. EU 국가들의 국내 업자들은 역내 타국 업자들과 자유로운 경쟁상태에 놓이게 된다. 생산효율이 낮거나 기술혁신을 게을리하면 경쟁에서 도태될 가능성이 있다(도산, 실업). 이때 경쟁에서 도태되지 않기 위하여 기업이 노동자의 임금은 그대로 둔 채 장기간의 노동을 강요하거나, 또는 다른 기업에 인수되어 노동자들을 대량으로 해고할 수도 있다(근로조건의 악화). 더욱 저렴한 생산을 위해 천연원료보다 화학원료를 사용하고, 그 결과 배수구를 통해 하천 오염이 생길 수도 있다(환경파괴). 이러한 각종 사회문제가 생기기 때문에, EU는 필연적으로 공동시장의 형성과 함께 국경을 넘어 공통으로 발생하는 사회 문제에도 대처하게 되었다.

### 사회정책

노동자의 근로조건 향상, 직업훈련 추진 등을 행하는 입법과 정책의 권한, 즉 사회정책 권한은 EC의 설립 당시부터 부여되어 있었다. 하지만 이 권한은 당초 경제적인 동기에서 부여되었다. 공동시장을 만들어 기업 간의 경쟁이 격화되었을 때, EU 각국에서 노동자의 임금이나 근로시간 등 근로조건에 관해 서로 다른 규제를 한다면 규제가 강한 국가의 기업이 경쟁에서 불리해진다. 이를 막기 위해서는 EU에 사회정책의 입법권한을 인정하고, EU 각국 공통의 노동조건 규제를 도입해야 한다. 이러한 발상으로부터 권한이 부여되었다.

전형적인 예로서, 남녀노동자의 '동일노동 동일임금의 원칙'이 있다. 이것은 노동자의 인간으로서의 기본권(특히 평등원칙)이 표현된 사례로도 보인다. 하지만 EC는 설립 당시부터 경제적 이유에서 이 원칙을 기본조약에 포함시켰다. 남녀평등임금을 보장하지 않는 국가의 기업은 성차별 임금으로 인건비를 삭감하여 경쟁상 우위에 설 수 있으므로 이를 막기 위해서 도입된 것이다.

하지만 남녀동일임금원칙은 1970년 이후 EU 사법재판소의 판결들을 통해 노동자의 생활수준 향상이라는 사회적 목적 또한 달성하기 위한 것으로 이해되기 시작했다. 그리고 1980년 이후에는 오히려 인간의 기본적 권리인 평등원칙의 한 예로서 받아들여지게 되었다.

1970년대에는 EU 차원에서 임금 이외의 노동조건에 대해서도 입법이 이루어졌다. 이를 통해 EU 국가들에게 근로조건 전반에 걸쳐 남녀를 평등하게 대우하도록 하는 의무가 부과되었다. 1980년대 시장 통합기에는 근로자의 근로환경 개선을 위한 EU 입법이 이루어졌다. 또한 기업이 다른 경영자에게 양도되어도, 양도된 기업의 노동자를 해고하지 않을 것을 원칙으로 하는 입법도 이루어졌다. 이러한 일련의 입법은 기업 경쟁조건의 평준화보다는 인간 존엄, 건강 보호와 노동자의 고용안정화를 위한 것이다. 이렇듯 EU 사회정책은 시장경제를 위한 수단이 아니라, 시장경쟁이 일으키는 사회문제에 대처하는 정책으로서 독자적 의미와 역할을 가지게 되었다.

하지만 EU 국가 간에 사회정책을 둘러싼 생각의 차이가 존재한다. 특히 노동자 권리와 경영자 경영의 자유 간 균형을 누가 어떻게 잡을지에 관하여 EU 각국의 생각과 관행에 큰 차이가 있다. 예를 들어 독일에는 노동자 권리보호를 위한 다양한 입법이 이루어져 있으며, 기업경영 시에도 종업원이 의견을 개진할 수 있도록 법률에 보장되어 있다. 한편 영국은 경영자의 자유를 폭넓게 인정하는 한편, 종업원이 경영자에게 의견을 개진할 수 있도록 보장하는 법은 없다. 스웨덴은 의회입법이 아니라 노동조합과 경영자 간 교섭 및 합의에 의하여 당사자 간 자치적으로 노동조건을 규율해 왔다. 이렇듯 노동자 권리와 경영자 자유의 균형을 어떻게 맞춰 나갈지에 대해 EU 각국의 관행과 생각이 각기 다르다. 따라서 EU 국가들의 의견을 합쳐 노동자 권리나 사용자 의무에 대한 EU 차원에서의 입법을 하는 것은 쉽지 않은 일이었다. EU는 사회정책 분야에 대한 입법권한을 가지지만, 실제로 EU 입법이 남녀 노동자의 평등대우, 노동자의 건강보호, 노동환경의 안전 확보 등 일정 부분에 한해 제한적으로 인정되고 있는 것은 바로 이러한 사정이 있기 때문이다.

### 환경정책

설립 당시에는 EC에 직접적으로 권한이 부여되지는 않았으나, 필요에 따라 여러 정책을 펴는 과정에서 점차 권한이 부여되고, 그 후 조약이 개정되어 공식적으로 정책 관련 권한을 인정받은 좋은 사례로 환경정책이 있다.

1960년대 말부터 환경오염은 EU 각국뿐만 아니라 국제적으로 문제가 되기 시작했다. 유럽에서는 당시의 대기오염으로 인한 산성비가 국경을 넘어 타국의 삼림을 파괴하기에 이르렀다. 1972년 UN에서 인간환경회의가 열렸고, 같은 해 정상회담에서 환경보호가 EU 국가 공통의 관심사로 부상하였다. 이에 1973년 유럽위원회는 제1차 환경행동계획을 세웠다. 하지만 당시 EU에는 환경보호에 관한 명확한 정책권한이 부여되지 않아, EU는 각국의 법을 조화시키는 EU의 입법권한(구 EC조약 제100조)이나 EU 활동에 불가결한 조치를 취할 수 있는 권한(구 EC조약 제235조)을 활용하여 환경정책의 입안과 입법을 추진하게 되었다. 하지만 양자 모두 EU 국가 전원의 찬성이 필요했다. 만장일치를 요구하다 보니 구체적인 내용보다는 대략적인 합의에 그치게 되고, 80년대 후반까지 EU의 환경정책은 법적 구속력이 없는 '계획'이나 '가이드라인'에 지나지 않았다. 그 기간 동안 환경보호를 위한 세부적인 규칙은 EU 각국이 국내법으로 제정해 왔다.

1980년대 후반 들로르 유럽위원회 체제하에서 역내시장이 거의 완성되었다. 이 시점에서는 각국의 환경에 관한 규제가 제각각으로 이뤄짐에 따라, 기업 간 경쟁조건이 불평등한 것이 아니냐는 문제제기가 일어났다. 역내시장에서는 상품, 서비스, 자본, 노동자가 자유롭게 이동할 수 있기 때문에, 예컨대 제조업을 영위하는 기업은 역내에서 환경규제가 가장 느슨한 국가로 공장을 이전하여 생산활동을 함으로써 비용을 절감할 수 있다. 따라서 엄격한 환경규제에 앞장서 온 국가에서는 국내 기업이 외국으로 빠져나갈 우려가 있다(고용, 세수 감소). 또한 이들 기업을 받아들이는, 상대적으로 환경규제가 느슨한 국가의 환경은 더욱 악화될 것이다.

이러한 경제적 동기 및 환경오염에 대한 초국가적 관심을 토대로, 1986년 조약개정을 통해 환경정책에 관한 권한이 명문으로 처음 EU에 부여되었다. 하지만 EU 각국이 개별적으로 대처하는 것보다도, EU 전체가 대처하는 것이 바람직한 경우에만 환경정책권한을 행사해야 한다는 행사상의 제약이 부과되었다(보충성원칙).

EU 환경정책의 개요는 1980년대 후반에 정해져 현재에 이르고 있다. EU 환경정책은 환경의 질 향상, 인간건강의 보호, 천연자원의 현명하고 합리적인 활용을 그 목적으로 한다. 이를 위해 환경오염 예방행동원칙, 환경오염 발생원 방지의 원칙, 오염자 제거비용 부담 원칙에 기반을 둔 정책을 펴게 되었다. 또한 유럽 단위의 환경정책에 관한 입법안은, EU 국가 중에서도 높은 수준의 것을 최저기준으로 삼아야 하며, EU 각국은 EU 입법이 이루어져도 국내에서 이보다 높은 수준의 환경보호를 할 수 있다. 또한 모든 EU 정책에 환경보호라는 관점을 반영하고, 지속가능한 개발의 실현에 공헌할 것을 정하였다.

1980년 후반부터 환경에 관하여 EU 차원에서 이루어지는 입법이 점차 증가하였다. 이와 맞물려 EU는 국제무대에서 환경보호에 관한 조약을 위해 교섭하는 장면에서도 점차 존재감을 드러내게 되었다. 유럽 국가의 공통입법으로서 EU 입법을 모델로 한 국제조약안의 제시는 설득력을 가질 수 있었고, EU 국가들이 힘을 합치면 경제규모 면에서 미국에 필적하는 강한 교섭력을 발휘할 수 있었다. 이렇게 EU는 UN의 기후변화, 생물다양성에 관한 협약 등의 교섭 시 유력한 발언주체가 되었다. 특히 역내 환경정책 원칙 중 예방적 행동에 관한 원칙은 국제무대에서 이른바 '사전주의원칙(precautionary principle)'(과학적 증거에 근거한 손해발생 위험의 예측이 불확실한 경우 사회적 정책판단으로 예방적인 규제가 가능하다는 취지의 원칙)으로 알려지게 되고, 국제사회에 EU의 특징을 반영한 환경정책으로 알려지게 되었다.

하지만 EU 역내에서의 환경정책도, 국제적인 조약교섭도 EU 국가들의 의사에 반한다면 성립할 수 없다. 예를 들면 기후변화협약 교섭과정에서 유럽위원회는 지구온난화의 원인이 되는 이산화탄소 배출에 대해 탄소세를 부과하는 안을 제시했다. 하지만 EU 국가들의 반대로 철회할 수밖에 없었다. 과세권은 EU 국가들이 각 국가에 완고하게 유보되어 있는 권력이며, EU의 탄소세 제안은 이러한 권력을 침해하는 것으로 이해되어 경계심을 불러일으켰기 때문이다. 오늘날에도 EU의 환경정책 입법을 함에 있어 EU 각국의 재정(세금 등)에 관한 조항이 등장하면, 그 조항은 각료이사회(EU 국가 정부대표의 회의)에서 만장일치로 가결되도록 기본조약에 정해져 있다(=이는 각국에 거부권이 있다는 의미이다).

한편, 일단 EU 국가 간의 합의만 성립한다면 일본 등 EU 역외국가에는 없는 고유의 특징과 실효성을 지니게 된다. 예를 들면 기후변화협약과 교토의정서상 체약국은 2012년까지 이산화탄소 등의 온실가스 배출량을 1990년 당시 수준보다 8% 감축할 의무를 지게 되었다. 일본은 단독으로 6% 삭감의무를 지지만, EU는 2005년부터 이미 EU 국가 간의 배출권거래제도를 도입하여 EU 각국이 개별적으로 삭감하는 것이 아니라 EU 전체가 8% 삭감하는 방법으로 의정서 내용을 실천하였다. 이로써 세계 평균보다 빠르게 8% 목표를 달성하였고, 나아가 역내에서 온실가스 배출을 2013년까지 1990년 대비 20% 수준까지 삭감한다는 목표에 합의했다. 이에 더하여 2020년까지 태양광, 풍력 등 재생에너지 의존도를 에너지 소비량 전체의 20%까지 올린다는 목표에도 합의했다. 이러한 역내 행동을 통하여 EU는 기후변화방지나 지속가능한 개발을 위한 정책 형성 등 전 지구적 환경문제에 대응하는 선구자로서 존재감을 더하고 있다.

### 소비자정책

EC 설립 초기에는 권한이 없었으나, EC의 활동성과가 축적되면서 추후 조약개정을 통해 권한이 부여된 또 하나의 예가 소비자정책이다. 이러한 측면에서 EC의 활동은 유럽 사람들의 일상생활에 깊은 관련이 있다.

제2차 세계대전 이후, 미국에서는 특히 제조업 분야에서 대량생산기조가 급속히 확산되었다. 개인 구매자는 기업을 상대로 개별 제품의 품질과 내용에 관하여 교섭할 수 없게 되었고, 획일적으로 양산된 제품을 구매할지 말지 양자택일의 상황에 놓였다. 심지어 상품의 품질이나 위험성에 관한 정보가 구매자에게 충분히 전달되지 않은 채 판매되는 경우도 있었다. 미국에서는 자동차 결함으로 인한 사고가, 유럽에서는 탈리도마이드(thalidomide) 사건 등이 발생했다. 이에 1960년대에 구매자의 생명·건강이나 경제적 이익을 지키려는 소비자운동이 미국에서 시작되어 유럽과 세계로 퍼져 나갔다.

이러한 경위에서 알 수 있듯, 1950년대 EC조약이 체결되었을 때는 '소비자'에 관한 정책이라는 개념이 존재하지 않았다. 하지만 유럽 각국도 1960년대 중반부터 소비자보호를 정책과제로 생각하게 되었고, 소비자보호를 목적으로 한 입법이 이루어지게 되었다. 1970년대에 이르러 유럽위원회는 EC 차원에서 이루어질 소비자보호를 위한 활동계획을 입안하게 되었다. 하지만 당초 입안 취지대로 EU에서의 구체적 입법 내지 정책 조치로 연결되지는 않았다.

1980년대에 이르러서야 단편적으로나마 구체적으로 EU 차원에서의 입법이 이루어지게 되었다. 당시 EU의 소비자보호에 관한 입법은 경제 시장 통합을 촉진하는 수단으로 여겨졌다. EU 국가들의 소비자보호법이 제각각이면 국경을 넘어 상품이나 서비스를 제공하기 어려워진다. 또한 소비자에게도 국경을 넘어 거래를 할 때 불안감이 생긴다. 따라서 여러 국가들의 소비자보호법을 가급적 조화시킬 필요가 있다는 논리에 기반을 두어 입법이 이뤄졌다. 이에 1986년 EC조약 개정을 통해 EU에 역내 시장 통합을 위해 각국 법률을 조화시키는 입법을 할 권한이 부여되었고, 그 입법을 통해 소비자가 높은 수준으로 보호받게 되었다.

1980년·90년대의 입법은 일차적이고 단편적이었다. 크게 유형화하면 다음과 같은 패턴을 보였다.

– 개별 소비자가 재화나 용역을 구매할 때, 소비자에게 잘못된 판단을 초래할 수 있는 판매자의 악덕행위를 금지하는 입법이 이루어졌다. 과대광고와 허위광고를 금지하는 법령, 부당한 계약조항을 금지하는 법령, 적정한 가격표시의무를 부과하는 법령 등이 있다.
– 구매자인 소비자가 정보부족으로 올바른 판단을 하지 못하거나 경솔한 판단으로 인해 구매한 경우 일정한 구제수단을 부여하는 입법이 이루어졌다. 제조물책임법은 소비자에겐 알 수 없는 결함이 있는 제품에 의해 피해를 입은 소비자가 제조자에게 직접 손해배상을 청구할 수 있도록 하였다. 방문판매나 통신판매를 통해 물건을 구매하는 경우 감언이설에 넘어가거나 충동구매를 하는 경우가 많으므로, 소비자에게 계약 후 일정 기간 내라면 이유를 불문하고 계약을 해제할 수 있는 권리(Cooling－off)를 보장하는 법령이 채택되었다.

1990년대에 EU가 창립과 더불어 기본조약이 개정되어, EU에 명문으로 소비자 이익 증진 및 높은 수준의 소비자보호를 목적으로 하는 '소비자보호'의 권한이 부여되었다. 소비자정책이 시장통합의 수단을 넘어 자율적이고 독립적인 정책이 된 것이다. 구체적으로는 소비자 건강, 안전 및 경제적 이익의 보호, 소비자가 적합한 정보를 얻을 수 있도록 하는 일련의 조치, 소비자 권리에 관한 교육 강화, 소비자의 조직적 권리 수호에 관해 EU가 공헌해야 함을 조약에 명시하였다.

이를 계기로 1990년대 말부터 2000년대까지 종래 산발적이고 단편적으로 이뤄져 온 입법들을 정리·통합하여 일반적인 규정을 두게 되었다. 예를 들면 적정가격표시의무는 식품과 비식품으로 나누어져 별개 법령에 규정되어 있었지만 이를 하나로 합쳤다. 또한 방문판매와 통신판매의 경우에도 인터넷 판매에 관한 규정을 추가하여 통합하고, 하나의 통합된 '소비자 권리'에 관한 법령으로 거듭났다.

또한 EU의 다른 정책(예를 들면 운송정책)과 함께, EU 소비자정책의 일환으로 소비자의 집단적 이익을 옹호하는 내용의 입법도 이루어졌다. 이러한 입법 중에는 시장통합을 넘어 소비자 이익의 신장과 업계의 규율 강화를 목적으로 하는 것이 많았다. 전형적인 예가 '항공여객의 권리' 규칙이다.

## 칼럼 : EU 항공탑승객권리 규칙의 희·비극

2004년 항공여객권리 규칙[4]은 EU 역내 공항에서 출발하는 탑승객 내지 EU 국적 항공회사를 이용하여 EU 역외에서 역내의 공항에 도착하는 탑승객에 대하여 아래 표와 같은 권리가 있음을 정하였다. 또한 이 규칙에서 악천후 등 항공회사가 통제할 수 있는 범위 외의 사태로 발생한 지연과 취소는 대상에서 제외되었다. 무료특전이나 우대특전의 손님도 대상이 되지 않았다.

| | | |
|---|---|---|
| 예약확인과 체크인을 완료하였는데 만석으로 탑승이 불가능할 경우 ①②③의 권리가 있다. | 탑승 14일 전부터 당일까지 비행기편이 취소된 경우 ①②③의 권리가 있다. | 탑승편이 2시간 이상 지연된 경우 [1]의 권리, 5시간 이상 지연된 경우 [1] [2]의 권리가 있다. |
| ① 무료편의시설 제공 (식사, 음료, 전화 2통, 메일, 숙박과 픽업) | | [1] 무료편의시설(식사, 음료, 전화 2통, 메일) + (다음 날 항공편이라면 숙박과 픽업도 무료) |
| ② 항공권 환불 및 편도 항공권 또는 최종목적지로 가는 별도 항공편 제공 | | [2] 5시간 이상 지연 시 항공권 환불, 필요에 따라 편도 항공권 |

| | |
|---|---|
| ③ 보상금(1인당)<br>(i) 1500㎞ 이하 – €250<br>(ii) 1500㎞를 초과하는 EU 역내 및 EU 역내 이외<br>1500㎞ 초과 ∼ 3500㎞ 이하 – €400<br>(iii) (i) (ii) 이외의 모든 경우 – €250 | [보상금 규정 없음] |

이렇듯 EU 규칙은 만석과 취소의 경우 보상금을 지급하지만, 지연의 경우 보상금을 지급하지 않는 듯한 규정을 두고 있었다. 이것만으로도 유럽 항공사에게는 항공운송에 관한 국제조약과 비교하여 많은 부담이 가해지는 상황이었다.

하지만 EU 사법재판소는 지연사고가 발생한 경우에도 탑승객의 권리를 신장하고 항공회사의 부담을 증가시키는 해석을 했다. 지연사고라면 어느 경우에도 보상금이 전혀 나오지 않느냐는 의문이 제기되자, EU 사법재판소는 상기 EU 규칙에도 불구하고 '3시간 이상의 지연에는 보상금이 나온다'고 판단하였다(Sturgeon 사건(2009)[5]).

재판소의 판결요지는 다음과 같다: "취소도, 지연도 탑승객 입장에서 시간을 낭비한다는 측면에서 똑같이 불편하다. 하지만 규칙은 취소와 지연의 경우를 달리 보고 있다. 만약 그 구별에 합리적 이유가 없다면 동일한 것을 불합리하게 차별하는 것으로 평등원칙에 위반된다. 실제 취소와 지연을 구별할 합리적인 이유는 없다. 이 규칙이 대상으로 하는 취소도, 지연도 모두 항공회사의 잘못에 기인하기 때문이다. 하지만 EU 규칙은 '취소된 탑승편의 출발시각 1시간 전부터 출발시각까지 출발할 별도의 항공편이 배치되어, 목적지에 2시간 미만으로 지연되어 도착한 손님에게는 보상금이 지급되지 않는다'고 규정하고 있다. 즉 규칙의 취지는 탑승편이 취소되어 3시간 이상을 낭비한 고객에게는 보상금이 나온다는 것이다. 그렇다면 이러한 고객과 탑승편이 3시간 이상 지연된 고객이 입는 불편은 동일한 것이므로 같은 권리를 가진다고 해석할 수 있다. 따라서 3시간 이상 지연된 손님도 보상금을 받을 권리가 있다".

이러한 판단은 고객에게는 좋은 소식이었으나, 항공사에는 비보였다. 규칙의 개정을 요구하는 목소리도 있으나 개정은 난항을 겪고 있다.

'항공탑승객의 권리' 규칙은 EU 역내의 소비자 집단의 권리를 신장하는 것으로 소비자정책의 일환으로 볼 수 있다. 하지만 항공사 입장에서는 지연이나 취소를 하면 보상금이라는 페널티(금전적 부담)를 부담해야 한다. 이러한 페널티는 유럽 모든 항공사에 동일하게 적용되므로, 대형 회사보다 적은 이윤으로 가격경쟁을 걸어 온 중소 저가항공사에게 더욱 타격이 크다. 즉 이 EU 규칙은 항공서비스 경쟁을 촉진하는 입법이 아니다. 오히려 소비자의 권리 주장을 지렛대로 하여 항공사에게 정시에 운항하도록 압력을 가하는, 업계 길들이기 성격의 입법이다. 이렇듯 오늘날 EU의 소비자정책은 다른 정책과 결합하여 시장통합보다도 특정 업계를 규율하는 수단으로 기능하는 경우도 있다.

## 2. 통합의 새로운 전개 — 유럽 정치사회의 상상과 창조

### 생산요소로부터 사람으로

EU의 활동은 유럽 단일경제시장의 형성과 이에 부수하는 사회문제 대처를 넘어, 1970년에는 정치적인 영역으로 확장되었다. 이번에는 이에 관한 역사를 다뤄 보도록 하겠다. 이는 무엇보다 EU가 '인간'에 대해 어떠한 접근 방식을 취하고 있는지 살펴봄으로써 가장 명료하게 알 수 있다.

그 변천을 살펴보면,

– 인간을 경제활동의 요소=노동력으로 이해하는 입장(EC 시대)으로부터
– 인간을 경제활동과 관계없이 인간 그 자체로 이해하는 입장(EU

시대)으로의 변화이다(탈경제화).

이를 법적 권리의 측면에서 살펴보면, EU 국가의 국민에 대해
- '노동을 위해' 역내를 자유롭게 이동하고 거주할 권리를 보장하는 EC로부터
- '노동과 관계없이' 역내를 자유롭게 이동하고 거주할 권리 및 EU 시민으로서의 정치적인 권리(유럽의회의 선거권 등)를 보장하는 EU로의 변화이다.

노동과 권리가 단절되어 가는 점, 또한 정치적 권리가 인정되어 가는 점이 변화의 핵심이다.

### 1950-70년대 : 사람 = 노동자

1950년대 EC 설립 당시 경제공동시장 실현을 위한 목표로서 역내 상품, 서비스, 자본의 자유이동뿐만 아니라 사람의 자유이동에 관한 논의가 있었다. 당시 EC는 사람을 노동력으로 보고 있었다. 이에 EC조약은 노동자(피용자, 자영업자, 서비스 제공자)와 법인(회사 등)에게 역내 타국으로의 자유로운 이동권·거주권을 부여하고 이동 대상국(수용국)에 국적으로 인한 차별을 금지하도록 규정하였다.

하지만 노동자는 사람이고, 노동력으로만 볼 수는 없다. 노동자에게도 부양가족이 있고, 가족과 함께 이동하고 싶은 것이 인지상정이다. 가족과 함께할 수 없다면 이동을 포기하는 노동자도 많을 것이다. 이러한 실천적·인도적 관점에서 EU는 피용자(회사원과 같이 사람의 지휘·명령하에서 일하여 임금을 수령하는 노동자)의 이동에 관한 1968년 EC 규칙에서 피용자의 가족에게도 피용자와 함께 역내를 이동하고 거주할 권리를 인정했다. 이 규칙은 피용자의 가족은 일하지 않아도 이동·거주권을 가진다는 내

용을 담고 있다. 가족이 이동한 국가에서 노동할 권리를 별도로 규정하고, 또한 피용자 자녀가 현지에서 교육을 받을 권리에 대해서도 규정했다. 1970년대에는 후속 입법에서 피용자 이외의 노동자에 대해서도 동일한 규칙이 만들어졌다. 또한 연금, 노동재해보상 등 사회보장급부에 대해서도 노동자와 가족이 이동하면 수급권 역시 이동한 국가에서 보장받을 수 있도록 EU 국가 간 조치를 취하도록 했다. 또한 노동자 본인이 수용국에서 사망한 경우에도 유족에 해당하는 가족은 (해당 국가에서 일하지 않았어도) 수용국에서 계속 거주할 수 있는 권리를 인정받았다. 이렇듯 EU는 비교적 이른 시기부터 노동과 직접적 관계가 없는 노동자의 가족에게도 관심을 가지고 있었다.

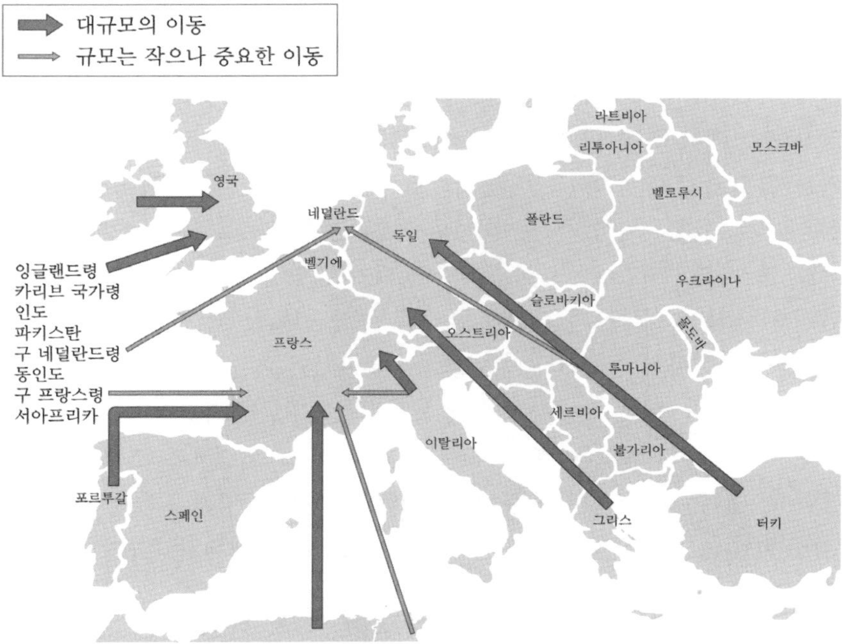

아이러니하게도 1950－70년대 당시 이러한 권리보장과는 무관하게, 노동력으로서의 사람은 오히려 EU 역외의 주변국으로부터 대량 유입되었다. 터키나 알제리, 또는 당시 EU에 가입하지 않았던 그리스, 스페인, 포르투갈 등 역외 국가의 사람들은 전후 눈부시게 성장하던 EU 역내로 몰려들어와 단순노동에 종사하였다(그림은 1945년부터 73년까지 이민의 흐름). 역외로부터의 이민은 수용국(독일, 프랑스 등)의 각 국가의 법에 의해 규제되었고 EU법의 규율대상은 아니었다.

한편 EU 역내 가운데는 이탈리아 남부에서 독일로 향하는 이동이 두드러졌다. 하지만 나머지는 미미한 수준이었다. 역외 주변국에 비하면 역내에는 절대적 빈곤이 적었기 때문이다. 언어의 차이도 이동의 장벽으로 작용했다. 언어 장벽은 지금도 존재한다.[6)]

1960－70년대 당시에는 다른 이동의 장벽도 있었다. 전문직·기술직 노동자는 물론이고 의사, 변호사부터 미용사, 교사에 이르기까지 EU 각국이 국가시험 등을 시행하여 자격이나 면허를 부여하는 경우가 많았다. 당시 모국에서 얻은 자격이나 면허가 다른 국가에서 자동적으로 승인되지는 않았고, 이것이 이동의 장벽으로 작용했다. 독일 의사는 프랑스에서 의사로 인정되지 않는 등 의사나 수의사, 약사 등 보편적 지식에 기반을 둔 자격·면허조차 타국에서 인정되지 않았다. 수용국 정부나 관련 업계가 외국인 노동자의 유입에 소극적이었기 때문이다.

EU는 전문직·기술직 노동자의 자유이동권을 실효성 있는 것으로 만들기 위하여 1960－70년대에 걸쳐 전문직·기술직 자격의 최저기준을 통일하는 내용의 법안을 다수 제출하였다. 하지만 입법에는 오랜 시간이 걸렸고, 대다수가 70년대 후반까지 미뤄졌다. 건축사자격규칙 등은 1967년에 법안이 제출되었지만 18년 후인 1985년에야 채택되었다.[7)] 심지어 이러한 입법이 채택되어도 이동이 자유롭지 않았다. 공통의 최저기준에 관한 사항만이 입법에 의해 규제되었기 때문에, 수용국은 자국의 특수한 사정을 이유로 추가적인 시험을 실시하거나 시험 이외의 부분에서 전문직 활동에 제약을 가하였다. 예를 들면 '1변호사 1사무소' 원칙은 많은 변호사로 하여금 본국 사무소 대신 타국에 사무소를 개설하고자 할 때 장애요소로 작용하였고, 변호사의 이동이나 타국에서의 서비스 제공을 막았다. 여러 직종의 사람들이 여러 종류의 장벽에 부딪쳤고, 1970년대 이후 각국 재판소에 수용국의 규제나 제약이 EU법에 위반된다고 주장하는 수많은 소송들이 제기되었다.

**1980–90년대 : 사람 = 노동자 + a**

이러한 소송이 제기되면서, EU 사법재판소는 노동자 이동의 장벽 및 노동자 이외의 사람들의 권리에 관해 판단을 내리게 된다.

각국 재판소의 소송에서 등장한 EU법상의 문제는 EU 사법재판소에 위탁된다. EU법은 모든 구성국에 공통적으로 적용되기 때문에 각 국가의 재판소가 제각각 해석해서는 안 되며, EU 사법재판소가 통일적으로 해석할 필요가 있기 때문이다. EU 사법재판소의 해석을 토대로 각 나라의 재판소가 판결을 내린다(판결 구조는 제3장 참조).

EU 사법재판소는 일관되게 노동자의 자유이동권 내지 수용국에서 국적차별을 받지 않을 권리를 광범위하고 실효적으로 보장하는 판단을 내려 왔다. 또한 엄밀하게는 노동자에 해당하지 않지만 이에 준하는 사람들이나 명백히 노동자라 할 수 없는 사람들에 대해서도 EU법상의 권리가 있음을 밝혔다. 전형적인 예는 다음과 같다.

**[안토니센(Antonissen) 사건[8)]]**

영국에 취직하러 온 지 2년 반이 지나도 무직 상태에 있던 벨기에 사람이 위법약물소지 혐의로 국외퇴거명령을 받은 사안에서, 이 벨기에인은 자신이 취업활동 중(구직자)이기 때문에 노동자에 준하고, 따라서 역내의 이동·거주의 자유가 있으며, 국외퇴거명령은 위법하다고 주장했다. EU 사법재판소는 EC조약이 노동력의 폭넓은 이동을 목적으로 하기 때문에 구직자도 노동자에 준하여 이동과 거주의 자유가 있다고 할 수 있지만, 구직에 필요한 합리적인 기간(6개월 정도)으로 제한된다고 판시하였다.

**[루이지 & 까르본느 사건[9)]]**

(아직 유로화가 도입되기 이전) 관광·온천 목적으로 프랑스와 독일에 장기간 여행을 떠나려던 이탈리아인이 이탈리아 정부로부터 여행자금 송금을 제한당해 떠나지 못한 사안이다. 당시 EC조약은 서비스의 '제공자'에게 자유이동, 거주권을 부여하지만, 서비스의 '수령자'에게도 같은 권리가 있는지가 문제되었다. EU 사법재판소는 관광객이나 온천 여행객도 대가를 치르고 서비스를 받는다면 서비스의 수령자이고, 서비스 제공자와 동일하게 자유이동·거주권을 가진다고 답했다.

**[코완 사건[10)]]**

프랑스는 국민이 국내에서 범죄로 인해 피해를 입은 경우 공적 재원으로부터 보상금을 지급하고 있었다. 프랑스 관광 중 강도에게 습격당한 영국 사람이 범죄피해자보상금의 지급을 구하였으나 거부당했고, 이 사람은 EU법 위반으로 프랑스를 제소했다. 여기에서 서비스의 '수령자'인 영국 관광객에게도 프랑스인을 위한 범죄피해자보상금을 받을 권리가 있는지 문제되었다. EU 사법재판소는 국적의 차별 없이 보상금을 받을 권리가 있다고 보았다. 재판부는, 이동의 자유란 안전하게 이동할 수 있는 자유라는 뜻을 내포하는 것으로, 대상 국가에서 안전이 침해된 경우 보상금을 수령할 권리도 이동의 자유에서 파생된다고 판시했다.

**[클래비어 & 블레조 사건[11]]**

사건 당시 벨기에 대학은 자국민에게는 수업료를 받지 않고 외국인 학생들에게는 받는 정책을 취하고 있었다. 벨기에 공립미술학교나 의학부에 입학한 프랑스인 학생들은, 이것이 국적차별에 해당한다고 보아 소를 제기했다. 학생은 노동자가 아니기 때문에, EU법의 적용대상에 포함되지 않아 국적차별을 받지 않을 권리를 주장할 수 있는지가 문제되었다.
하지만 EU 사법재판소는 미술학교, 의대 학생은 교육과정을 통해 전문직이 되므로, 그들이 받는 교육은 직업훈련의 일환으로 볼 수 있다는 점에서 노동자에 준하는 지위를 인정해야 한다고 보았다. 따라서 EU법의 적용대상이 되며, 수용국에서의 직업 훈련의 기회, 즉 수업료에 대해서도 국적에 따른 차별을 받지 않고 동일한 대우를 받아야 한다고 판시했다.

이리하여 EU 사법재판소는 노동자에 준하는 사람(구직자, 미대생, 의대생)이나 노동자가 아닌 사람(서비스 수령자인 관광객)의 권리도 보장하기에 이르렀다. 특히 서비스 '수령자' 본인은 노동력을 제공하는 대신 타인의 노동을 대가를 치르고 소비하기 때문에 일반 소비자(소비생활자)로 볼 수 있다. 즉 판례는 일반 소비자에게도 자유이동·거주권이나 국적차별을 받지 않을 권리를 인정한 것이다. 이는 사람을 노동력으로 보아 그 범위에서만 자유이동권을 부여하던 EC 조약의 내용을 뒤집는 것이다. 이에 회원국 정부나 EU 기관은 입법 내지는 조약개정 등을 통해 후속 조치를 취해야 하는 입장에 놓였다.

이는 1980년대 후반의 일로, 들로르 유럽위원회가 역내시장의 완성을 목표로 하여 사람의 자유로운 이동을 추진하던 시기이기도 했다. 판례의 새로운 입장에 따라 유럽위원회는 바로 세 가지 법안을 내놓았고, 1990년에 채택되었다.[12] 3가지 법안이란 노동자가 아니면서도 충분한 생활자금을 가진 사람(자력이 있는 사람), 퇴직한 사람(퇴직자), 학생 등 세 가지 부류의 사람들에게 자유롭게 이동하고 거주할 권리, 수용국에서 국적차별을 받지 않을 권리를 인정하는 것이다. 단, 충분한 생활력을 가지고 질병과 관련된 종합보험에 가입할 것을 전제로 하였다. 학생들은 이에 더하여 고등교육기관(대학 등)에 재적 중일 것을 요구받았다.

위 부가조건은 EU 국가들의 염려를 반영하여 만들어진 것이다. 판례의 문구 그대로 일반인 모두에게 이동권을 인정할 경우 충분한 자력을 갖추지 못한 채 다른 국가로 이동하여 그 국가의 사회복지제도에 의존하여 사는 사람, 즉 수용국에 재정적 부담을 초래하는 사람까지 이동할 우려가 있다(코완 사건에 따르면 이동의 자유란 안전하게 이동할 자유를 의미하는 것이다. 따라서 수용국에서 그 나라 국민에게 빈곤으로 인해 생명이 위험한 상태에 놓이지 않도록 생계급여를 지급한다면 타국에서 이동해 온 사람도 국적차별 없이 동일하게 이를 수령할 수 있게 될 것이다). 따라서 유럽위원회는 충분한 자력을 갖추고 보험에 가입한 자로 이동 가능한 사람의 범위를 좁히면서도, 한편으로 되도록 넓은 범위의 사람들이 자유롭게 이동할 수 있도록 하는 법안을 제출한 것이다. 1990년의 위 법안으로 인해 생산요소, 즉 노동력을 가진 사람에게만 권리를 부여하는 EC의 태도는 크게 변화하였다(EC의 탈경제화).

### 솅겐협정 : 경찰·역외 이민관리 협력 네트워크

비슷한 시기에 역내 국경에서 개인의 출입국을 자유롭게 하려는 움직임이 있었다. 유럽위원회도 출입국관리제도의 폐지를 주장하였으나, 국경관리는 해당 국가의 이민정책이나 경찰활동과도 깊은 관계가 있기 때문에 영국 등 폐지에 반대하는 국가들도 상당수 있었다. 더구나 당시 EC에는 경찰분야 정책에 관한 권한이 없었다. 이에 EC에서의 합의는 이루어지지 않았다.

하지만 국경이 육지로 연결된 국가들에서는 개인의 이동을 자유화하려는 움직임이 계속되었다. 이에 1985년 베네룩스 3국과 독일, 프랑스는 5개국 간 국제조약(솅겐기본협정)을 체결하였다. 5개국은 역내 국경관리를 폐지하는 대신 각국 경찰과 출입국관리당국 간의 정보공유·수사협력을 강화하고 각 국가의 대외적 이민정책을 가능한 한 공통적으로 추진해 가기로 합의했다. 그리고 1990년에 합의 내용을 구체화하는 솅겐협정이 체결되었다. 위 협정에 의하여 5개국 사이에서는 국경을 더 이상 관리하지 않게 되었고, 솅겐정보시스템(각 국가 데이터베이스의 네트워크)이 구축되어 각국 경찰·출입국관리당국 간 범죄자·역외 이민자들의 개인정보가 공유되었다. 또한 범죄자의 추적이나 인도에 관해서 각국 경찰들의 협력도 증진되었다. 1990년대 후반에는 다른 대륙국가들과 인접해 있는 스위스, 아이슬랜드, 노르웨이 등 EU 역외국도 솅겐협정에 참여하게 되었다.

솅겐협정은 EU 활동과 밀접한 관련을 가지나, EU에서는(합의가 없거나 권한이 없어서) 이루어지지 못한 것을 일부 EU 국가들이 EU의 틀 밖에서 국제조약을 통해 먼저 실현한 것이다.

그 후 1992년 EU조약을 통해 EU에게도 경찰협력이나 대외이민정책의 권한이 부여되었고, EU로 하여금 솅겐협정 유사의 입법을 가능케 하는 체제가 구축되었다. 결국 1990년대 말 EU조약 개정으로 EU가 솅겐협정을 계승하였다. 이를 통해 EU는 EU 자체의 경찰력은 없지만 각국 경찰들의 네트워크를 정비하는 역할을 수행하며 경찰 분야에도 관여하게 되었다.

### 1990-2010년대 : 사람 = 시민

1992년의 EU조약(마스트리히트 조약, 1993년 발효)에 의해 EU가 설립되고, 공식적으로 외교·안전보장분야와 경찰, 사법, 역외로부터의 이민규제 분야에도 EU 차원에서 활동할 수 있는 권한이 인정되었다. 마스트리히트 조약은 '사람의 권리' 측면에서 종래 EC에서의 탈경제화를 뛰어넘는 질적인 발전을 가져왔다. 즉 EU 국가들의 국민들은 자동적으로 'EU 시민으로서의 지위(Union Citizenship)'를 가지게 되었다. EU 시민으로서의 지위에는 최소한 다음과 같은 권리가 동반된다(당시의 EC조약 제17조 이하=현 EU 운영조약 제20조 이하).

- EC 역내를(경제활동과 무관하게) 자유롭게 이동하고 거주할 수 있는 권리
- 이동 대상 국가 국민과 동일한 조건으로 유럽의회선거와 지방자치단체 선거에 투표하고 입후보할 수 있는 권리
- 자국 외교사절(대사관 등)이 없는 EU 역외국의 경우, 다른 EU 구성국의 외교사절에 보호를 요청할 권리
- 유럽의회에 청원할 권리, EU 옴부즈맨에 고충처리를 요구할 권리
- EU 공용어 중 하나로 EU의 기관·자문기관과 교신하고 답변을 얻을 권리

무엇보다도 참정권 등 정치적 권리(밑줄 부분)가 인정된 측면에서 EU와 사람 간의 관계가 질적으로 발전하였다. 또한 경제활동과 무관하게 EU 시민이기만 하면 자유이동·거주권이 자동적으로 발생한다고 한 점도 주목할 만하다.

정치적 권리는 일정 구획의 인간사회를 상정하여 그 사회에 속하는 사람에게만 부여되는 권리이며, 그 권리를 행사하는 사람들은 사회 전반에 관한 결정에 참여한다(정치사회의 성립). 이는 'EU 시민 지위의 창설'에

관하여도 마찬가지로 적용된다. EU라는 인간사회를 상정하고, 그곳에 속하는 사람=EU 국가들의 국민에게 EU 시민으로서의 지위에 수반하는 권리(참정권, 청원권)를 인정하고, 사람들은 그 권리를 행사하며 EU의 정치적 결정에 참여(입법에 관여하는 유럽의회의 의원을 선출)하게 된다. 예를 들어 스페인의 바로셀로나 시에 이주한 스웨덴 가족의 18세 소녀는, 바르셀로나에서 유럽의회선거 투표권을 가지고, 바르셀로나 시장 선거에도 투표할 수 있게 된다. 소녀는 바르셀로나에서 유럽의회선거에 투표할 때 '나는 유럽인이다'라고 느낄 것이다. 소녀가 느끼고 있는 것은 EU라는 정치사회다. 이는 당초에는 단순히 상상 속의 존재일지도 모르지만, 투표를 거듭해 가면서 현실적으로 나타난다. EU 시민으로서의 지위와 그 권리는 이렇게 EU라는 정치사회를 상상하고 창조하는 도구가 된다.

자유이동·거주권에 관해서도 지금까지와는 질적으로 다른 양상이 전개된다. 탈경제화 과정에서는 노동자뿐만 아니라 일상의 소비자 등 다른 유형의 사람들에게도 자유이동·거주권이 폭넓게 인정되었다. 하지만 권리발생을 위해서는 일정한 경제행위(서비스 수령과 대금 지불 등)와 조건(충분한 생활자금과 질병보험 가입 등)이 필요하다. 이와 달리 EU 시민의 자유이동·거주권은 경제적 요소와 무관하게 EU 구성국의 국적을 보유하고 있는 사실만으로 발생한다. 극단적으로 말하면 노동력도 자금력도 없는 벨기에 국적의 유아에게도 자유이동·거주의 권리가 생기는 것이다(실제로 권리를 행사할 수 있는지 여부는 별개로 하고). 이러한 권리가 발생하는 것만으로도 큰 의미를 가진다. 다음 사례가 이를 여실히 표명한다.

**[삼브라노 사건[13)]]**

콜롬비아인 부부가 모국의 내전을 피하여 벨기에 정부에 난민인정 신청을 하고, 심사를 기다리는 동안 벨기에에서 자녀를 출산했다. 부부는 콜롬비아에 자녀의 출생신고를 하지 않았다. 벨기에도 콜롬비아도 국적취득에 관하여 혈통주의(자녀의 국적을 혈통을 기준으로 정하는 방식)를 취하였고, 출생신고도 필요로 했다. 부부는 콜롬비아에 출생신고를 하지 않았기 때문에 자녀는 콜롬비아 국적을 취득하지 못하였고, 한편 부부는 벨기에 사람이 아니기 때문에 그들의 자녀는 벨기에 국적도 취득할 수 없었다. 이대로 있으면 자녀는 아무 국적도 취득하지 못할 상황에 놓인 것이다. 단, 벨기에법은 출생한 자녀가 무국적인 경우 예외적으로 무국적자의 발생을 막기 위해 벨기에에서 태어난 신생아에게 벨기에 국적을 부여하고 있었다(예외로서 출생지주의). 이에 콜롬비아인 부부에게서 태어난 자녀는, 벨기에 국적을 정당하게 취득했다.

한편 벨기에 정부는 부부를 난민으로 인정하지 않았고 부부에게 EU 역외로 퇴거할 것을 명했다. 이에 남편(=자녀의 부친)이 벨기에 정부를 제소하였다. 남편은 자신의 자녀가 벨기에 국적을 가지기 때문에 EU 시민에 해당하고, EU 시민이 자유이동·거주권을 행사하기 위해서 부모는 자녀가 있는 장소에 거주하여 일을 하고 자녀를 부양할 필요가 있으며, 나아가 이것이 인정되지 않으면 가족 전부가 EU 역외로 퇴거당하게 되고, 자녀의 EU 시민으로서의 권리는 유명무실한 것이 된다고 주장하였다.

EU 사법재판소는 남편의 주장을 받아들였다. EU 시민으로서의 지위는 '기본적 지위'이다. 이에 더하여 EU 구성국은 EU 시민의 지위에서 생기는 권리의 실질적인 부분을 현실적으로 향유하는 것을 막아서는 아니된다. 벨기에에서 부모를 퇴거시키고, 그곳에서 부모가 일할 수 없게 한다면 부모는 자녀를 데리고 EU 역외에 나갈 수밖에 없게 된다. 그 결과 자녀는 EU 시민으로서 실질적인 권리를 누릴 수 없게 된다. 따라서 벨기에 정부는 부모를 역외로 퇴거시킬 수 없으며, 부모의 노동을 제한할 수 없다고 판시하였다.

이렇듯 EU 시민으로서의 지위는 EU 구성국의 국적이 있는 유아에게도 발생한다. 그리고 그 권리는 기본적인 것으로서, 충분한 실효성이 담보될 정도로 강하게 보장된다. 따라서 EU 사법재판소는 EU 시민인 유아를 부양하는 역외국민인 부모에게도 유아와 동거하여 노동할 수 있는 권리가 파생적으로 발생한다고 인정했다. 이 정도로 EU 시민으로서의 지위는 강하게 보장된다. 권리는 존재하는 것만으로도 충분한 의미를 가진다. 이 부부는 유아가 장성했을 때 인도적인 EU 시민사회의 존재감을 느끼게 될 것이다. 이처럼 EU 시민 지위의 창설은 탈경제화를 넘어, EU라는 시민사회를 상상하고 창조하는 데까지 미치는 것이다.

한편 EU는 1990년대 이후 점차 외교·안전보장 분야의 활동도 펼쳐나가기 시작했다(제4장 참조). 그즈음 솅겐협정도 EU법에 편입되었고, EU는 경찰분야와 대외적 이민정책을 통일화하는 작업에 착수했다.

이리하여 EU는 1990년대 말부터 장기 목표를 시장통합 대신 '자유, 안전, 정의의 지역 만들기'로 변경했다.

2000년대에 경찰활동과 관련해서는 2001년 9월 11일 미국에서 동시 발생한 테러, 그 후 유럽 주요 도시에서의 테러를 겪었고, 대책의 일환으로서 '유럽체포영장' 제도를 도입했다(제1장 참조). 또한 현재 EU는 테러대책의 일환으로 테러활동가나 지원자를 특정하고 그 인물이나 회사의 자산을 동결하는 조치도 취하고 있다(제4장 참조).

현재 EU는 역내 사람들에게는 'EU 시민으로서의 지위'를 보장하고, 유럽 단위의 시민사회를 구축하며, 역내의 치안과 안전보장에 관해서는 각국 경찰, 군사능력의 네트워크화 및 상호연계를 도모하고, 유럽이라는 사회적인 공간을 보호하고자 한다.

### 공통이민정책의 고충

한편 2010년대에 들어서면서 EU 역외(특히 시리아, 아프가니스탄의 내전)로부터 대량의 난민이 유입되기에 이르렀다. 이는 유로화 위기에 이은 EU의 중요 정책과제가 되었다. 하지만 EU에서는 여전히 제한적인 대응

조치만이 채택되었을 뿐이다. 난민이나 역외로부터의 이민 수용을 둘러싸고 EU 각국의 입장이나 국내 정치정세의 차이 등으로 인해 의견이 대립하였고, EU 전체 차원에서의 대응방안 채택은 여전히 난항을 겪고 있다.*

* 국제법에서의 난민이란 인종, 종교, 국적, 특정 소속 사회집단 또는 정치적 의견을 이유로 박해받을 우려가 있는 충분히 객관적인 상황에 있고, 모국 외에 소재하면서 모국의 모호를 받을 수 없거나 받고 싶지 않은 자로서 무국적자나 다름없는 자를 말한다(1951년 UN난민협약, 1967년 의정서). EU 국가들은 이 국제법상의 '난민'에 더하여, EU법상의 '보충적 보호'를 요하는 자(전쟁 등으로 생명·신체의 위험이 있고 모국 외에서 모국의 보호를 받을 수 없거나 받고 싶지 않은 자)도 난민에 준하여 보호하고 있다. 보충적 보호를 포함한 난민 등에 대한 EU 국가들의 대처 상황에 대해 후술한다.

역사상 난민 보호는 EU 개별 국가에 의해 이뤄져 왔다(오늘날에도 난민 보호의 많은 부분은 각 국가에 의하여 개별적으로 이뤄지고 있으며, EU가 다루는 것은 일부 국면에 지나지 않는다). 1980년대 중반에 EU 일부 국가가 EU 제도의 틀 밖에서 여러 국가들 간의 국제조약인 솅겐협정(1985년 기본협정, 1990년 실시협정)을 체결하였다. 솅겐협정을 체결한 국가 간, 즉 솅겐 권역의 내부 국경에서 출입국관리제도를 폐지하는 대신, 솅겐 국가들의 대외 국경에서 공통의 이민규제제도를 구축하기로 합의했다. 이때 난민에 대하여 직접 다루지는 않았으나, 공통적인 난민 보호절차를 마련하는 것도 하나의 관심사가 되었다. 그리하여 1990년 마찬가지로 EU 역외에서 솅겐 국가 등 뜻을 같이하는 EU 국가들이 더블린 협정을 체결하였다. 더블린 협정은 난민보호 신청을 처리하는 절차에 관해 정한다. 더블린 협정에서는 협정국들을 하나의 광역권(廣域圈)으로 보아 보호를 신청하는 자는 광역권 내 국가 중 하나의 국가에 대해서만 보호 신청을 할 수 있도록 하였다. 또한 심사담당국이 난민으로 인정하면 협정국 모두에서 난민으로 인정받을 수 있도록 하는 등, 난민 인정의 심사담당국에 관한 규정을 두었다.

한편 더블린 협정이 아직 발효되지 않은 상태에서 동서냉전이 끝났고, 여러 민족이 혼재하는 유고슬라비아에도 소국 독립의 움직임이 차례로 생겼으며, 그 과정에서 보스니아 헤르체고비나분쟁이 발발하여(1992–95년) 민족박해로 인한 대량의 난민이 발생했다(본서 제1장). EU 국가들은 각각 UN 난민협약·의정서와 자국법에 기하여 난민을 보호하는 수밖에 없었다. 이러한 경험으로 인해, 1997년 EU 기본조약이 개정되었을 때 솅겐협정과 더블린 협정의 내용을 EU법에 도입할 수 있도록 하는 규정을 두게 되었다. 하지만 그 개정이 발효되기 전에 구 유고슬라비아의 코소보에서 민족 간 분쟁이 발생하여 또다시 난민이 발생하였다(1998–99년).

1999년이 되어서야 개정된 기본조약이 발효되어 EU 국가들이 EU라는 이름으로 공통의 난민정책을 취할 수 있는 법적 기반이 마련되었다. 이에 따라 2003년 더블린 협정의 내용을 EU법에 도입하고 EU 국가 전부의 공통법으로 하기 위해 EU 규칙(더블린Ⅱ 규칙14))이 채택되었다. 이러한 규칙으로 인해 EU 역내는 하나의 권역으로 간주되어 난민은 그 중 한 국가에서만 보호 신청을 할 수 있게 되었고, 난민인정심사는 난민이 EU 외부 국경에 도달하기 전에 보호신청을 한 경우 그 신청국, EU 역내에 난민의 친족이 있는 경우 그 거주국, 양쪽 모두에 해당되지 않고 역외에서 EU 역내에 들어온 자의 경우 최초로 역내에 들어온 국가가 심사를 담당하게 되었다(이 중 마지막 규칙이 터키와 국경이 맞닿은 그리스나, 북아프리카에 가까운 이탈리아 등의 국가에 난민에 대한 대량의 심사 책임을 지우는 결과를 가져왔다). 2004년에는 EU 대외국경의 경비력을 강화하기 위한 EU 대외국경관리협력국(Frontex[15]))이 설치되었다.

2010년대 시리아 내전이 장기화되어 혼란 양상이 가중되었고, 특히 2014년 이후 내전에서 도망쳐 나온 사람들이 대량으로 터키를 경유하여 그리스에 들이닥쳤다. 더블린Ⅱ 규칙하에서는 그리스가 압도적 다수의 난민에 대한 심사를 담당하게 된다. 그리스는 유로화 위기로 인해 재정이 파탄 나 긴축재정에 돌입한 상황에서, 대량의 난민인정신청을 처리해야 하는 상황에 놓였다. 결국 난민을 오랜 기간 노상에 방치하고 EU 역내의 다른 국가로 이동하는 것을 묵인하기에 이르렀다. 다른 국가들은 이동해 온 난민들의 보호신청을 받아들이지 않고, 담당국인 그리스로 송환했다. 아프리카 중부 국가들의 난민들은 북아프리카로부터 지중해에 맞닿은 이탈리아로 나무로 만든 조각배를 타고 건너왔다. 2013년에는 이탈리아 람페두사섬 연안에서 배가 난파하여 많은 사람들이 익사하는 비극이 일어났다.

유럽행 난민들의 입구에 해당하는 국가들은 그들 나름의 입장에서 심사부담이 생기는 더블린Ⅱ 규칙의 불합리성을 비판했다. 현행 EU 기본조약(2009년 발효)은 EU 국가들이 '연대'와 '책임의 공평한 분담' 원칙에 기해 난민정책을 전개해야 한다고 정하고 있었기 때문이다(운영조약 제80조). 결국 더블린Ⅱ 규칙은 2013년 개정되어, 일부 국가들의 심사부담 편중을 완화하기 위한 2014년 더블린Ⅲ 규칙[16])이 시행되었다.

이와 더불어 현지 밀착형 활동도 강화되었다. EU 국가들은 Frontex를 매개로 하여 공동의 해상경찰활동의 일환으로 난민구조작전(Operation Triton, Poseidon 등)에 돌입하였고, 또한 EU 안전보장정책의 일환으로 난민 밀항지원업자의 소탕작전(Operation Sophia)도 전개하였다. 이에 더하여 난민을 특정 장소(핫스팟)에 집중시켜, 그곳에 EU 국가들의 등록지원요원을 파견하였다. 하지만 처리능력을 넘는 대량의 난민은 차례차례 그리스를 지나 다른 셍겐 권역 국가(헝가리나 오스트리아)를 향해 이동했다. 상당수의 난민을 받아들이던 헝가리도 결국 국경에 철조망을 치기에 이르렀다. 2015년, EU 국가들은 중동 난민을 터키에 머무르게 하기 위해 터키에 대한 지원책을 포함한 특별협정을 체결하기에 이르렀다. 이것이 EU의 현 상태이다.

이렇듯 난민보호에 대해서는 EU 내 개별 국가가 보호 여부에 대한 결정권을 가지고 있으며, EU가 독자적으로 수용 여부를 결정할 수 있는 것은 아니다. 사람들 개개인이 난민인지 여부를 인정하는 것도, 난민을 몇 명 수용할지도 개별 국가가 결정한다. 따라서 시리아 난민 등을 솔선하여 많이 수용한 국가(독일, 스웨덴)도 있는가 하면, 거의 수용하지 않은 동유럽 국가도 있다. EU가 해 온 것은 난민심사국 지정규칙의 공통화, 난민 인정기준의 공통화, 난민에게 인정되는 최소한의 제반 권리의 공통화, 대외 국경관리 강화를 위한 국가 간 협력의 중개(Frontex) 등 특정 국면에서의 조치에 지나지 않는다. 2010년대 후반에 이르러서도 난민 수용 인원수에 대한 EU 공통 규칙을 만들어 각 국가에게 할당하고자 하는 안에 대해 많은 동유럽 국가들이 완강하게 반대하고 있으며, 입법은 난항을 겪고 있다. EU 국가 간의 '연대'와 '책임의 공평한 분담' 원칙은 어려운 현실에 직면하고 있다.

## 결 론

본 장에서 논한 EU의 활동성과와 권한확대의 결과를 요약하면, 다음 표와 같다. 또한 현재 EU가 가지는 정책권한의 전체적인 모습은 제3장의 표 'EU와 구성국의 입법권한 배분'에서 서술하였다.

경제시장통합을 위한 EC의 권한과 활동이 점차 확대되었을 뿐만 아니라, 1990년대 이후 냉전이 해소되면서 세계 정세가 근본적으로 변화됨에 따라 EU는 정치 영역도 다룰 수 있도록 발전되어 갔다.

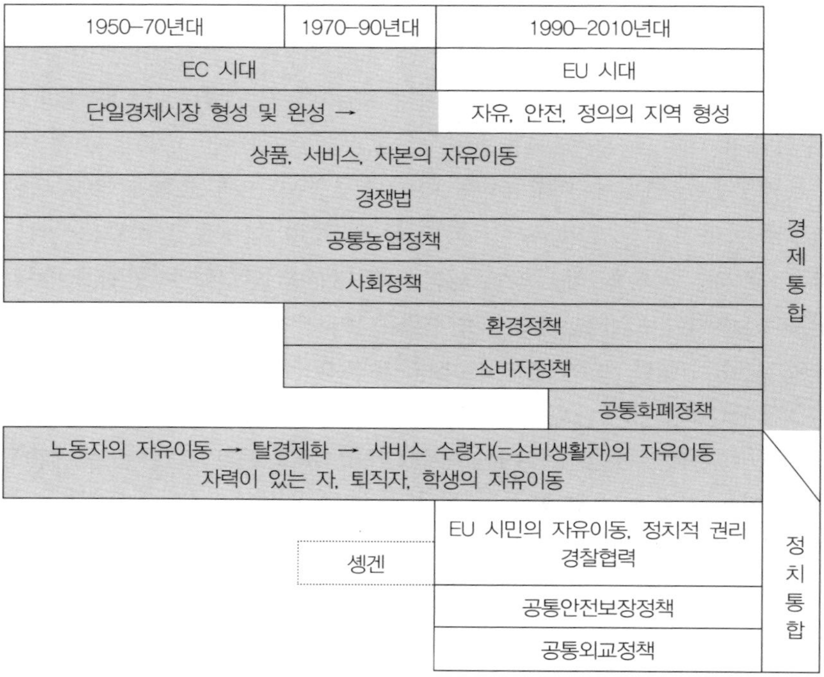
1950–70년대
1970–90년대
1990–2010년대
EC 시대
EU 시대
단일경제시장 형성 및 완성 →
자유, 안전, 정의의 지역 형성
상품, 서비스, 자본의 자유이동
경쟁법
공통농업정책
사회정책
환경정책
소비자정책
공통화폐정책
경제통합
노동자의 자유이동 → 탈경제화 → 서비스 수령자(=소비생활자)의 자유이동
자력이 있는 자, 퇴직자, 학생의 자유이동
셍겐
EU 시민의 자유이동, 정치적 권리
경찰협력
공통안전보장정책
공통외교정책
정치통합

## ▸ 미주

1) Case 261/81, Walter Rau Lebensmittelwerke v de Smedt PvBA [1982] ECR 3961.
2) Case 75/81, Blesgen v Belgian State [1982] ECR 1211.
3) Cases 56 & 58/64, Consten and Grundig v Comission [1966] ECR 299.
4) Regulation (EC) No 261/2004, [2004] OJ L 46/1.
5) Cases C−402/07 and C−432/07, Sturgeon [2009] ECR I−10923.
6) European Commission, The Internal Market − Ten Years without Frontiers (2003) pp.12−14. (2003년의 조사에서도 사람들이 타국으로 이동하지 못하는 이유로 꼽힌 3가지는 '가족을 생각해서(61%)', '언어장벽(29%)', '타국에서의 기회에 대한 정보 부족(20%)'인 것으로 밝혀졌다.
7) Council Directive 85/384/EEC [1985] OJ L 223/15. (법안 제출은 1967년. COM/1967/155/FINAL/2). 현재는 실효되어, Directive 2005/36/EC [2005] OJ L 255/22(전문직 자격의 일반승인지령)으로 대체되어 있다.
8) Case C−292/89, Antonissen [1991] ECR I−745.
9) Cases 286/82 and 26/83, Luisi and Carbone [1984] ECR 377.
10) Case 186/87, Cowan [1989] ECR 195.
11) Case 293/83, Gravier [1985] ECR 593; Case 24/86, Blaizot [1988] ECR 379.
12) Directive 90/364 [1990] OJ L180/30. (학생) [학생지령은 입법의 근거규정을 잘못 해석하여 다시 입법되었다. Directive 93/96, [1993] OJ L 317/59.]
13) Case C−34/09, Zambrano [2011] ECR I−1177.
14) Regulation 343/2003 [2003] OJ L 50/1.
15) Frontex는 EU 예산을 토대로 EU의 대외국경관리를 국경당사국뿐만 아니라 다른 구성국도 협력하여 할 수 있도록 국가 관계 부서를 중개하는 EU의 전문행정기관이다. 역외로부터 역내로 이동하는 사람들의 추세조사 및 첩보도 담당한다.
16) Regulation 604/2013 [2013] OJ L 180/31.

# 제 3 장

## EU의 구조는 어떻게 되어 있으며, 어떻게 운영되는가

# 제3장 EU의 구조는 어떻게 되어 있으며, 어떻게 운영되는가

## EU의 입법·사법·행정권

오늘날의 EU는 역내 사람들의 생활과 기업 활동 전반에 직접적으로 관련되어 있다. 이는 경제활동의 자유화 내지 규제, 또는 EU가 내리는 정치적인 결정(유럽의회선거, 역내 경찰활동, 안전보장 등)에 이르기까지 다양하다(제2장 참조).

EU는 국가가 아니지만(제2장 참조) UN과 같은 국제기구라고 볼 수도 없다. 왜냐하면 일반적인 국제기구는 개인들에 대해 직접 입법 내지 행정활동을 할 수 없으나, EU의 경우 그렇지 않기 때문이다(대표적인 예로 EU 경쟁법). 사법권도 마찬가지이다. EU의 독자적인 재판제도를 통해 많은 사람들이 소송을 제기하고 있다. 국제기구에 따라서는 UN이나 WTO와 같이 재판제도를 가지고 있는 경우가 있다. 하지만 이러한 경우 국가 단위의 소송만 가능하다. 이처럼 EU는 EU 역내의 사람들에게 직접 입법, 행정, 사법이라는 통합적 권한을 행사할 수 있다는 점에서 국제기구보다도 국가에 가깝다고 볼 수 있다. 하지만 국가는 아니다.

EU는 어떤 시스템을 통해 이러한 권한을 행사하고 있을까? 누가 어떻게 운영하고 있을까? 이 장에서는 EU가 어떻게 운영되는지 알아보겠다. EU의 외교·안전보장 분야의 경우 다른 특징이 있기 때문에 이는 제4장에서 설명한다.

## 1. EU의 기관

EU는 여러 기관에 의해 운영된다. 주요 기관과 기타 기관을 간단하게 소개한다. 이어 항목을 바꾸어 각 기관이 EU의 통치작용과 어떻게 연관되는지 서술한다.

### 주요기관

**유럽이사회**(European Council)는 상임의장인 이사장, 각국 정상(국가원수 등), 유럽위원회 위원장으로 구성된 EU 정상들의 모임이다. EU의 모든 정책 영역에 걸쳐 큰 틀에서의 방침을 만장일치로 정한다. 또한 각료

이사회에서 합의되지 않은 현안에 대하여 만장일치로 결정하는 경우도 있다. 실제로는 대부분의 사안을 투표로 부치지 않고 합의에 의해 결정하고 있다. 현재 1년에 4번 정례적으로 모임이 이루어지고 있다. 이사장은 임시회의를 소집할 권한을 가진다.

**각료이사회**(Council of the European Union [Council of Ministers])는 회원국 정부의 각료급 대표(장관)들로 이루어져 있다. 정식명칭을 직역하면 EU 이사회이지만, 정상들이 모이는 유럽이사회와 구별하기 위하여 각료이사회라고

칭하는 경우가 많다.

각료이사회는 정책 분야별로 열린다(다음 항의 표 — p.97 참조). 외교이사회는 상급대표가 항상 의장을 맡으며, 다른 분야의 이사회는 EU 회원국이 반년 단위로 순서를 정하여 의장국을 맡게 된다. 회의는 브뤼셀에서 열린다.

EU 기본조약은 사안별 의사결정방식에 대하여 상세하게 규정하고 있다. 다수결에 의하는 경우는 특정다수결(다음 항의 표 — p.96 참조)에 의하는 경우가 많고, 단순다수결에 의하는 경우는 많지 않다. 특정다수결에 관해서도 제안자가 누구인지에 따라 세분화된 규정이 마련되어 있으나, 대부분의 법안은 유럽위원회가 제출하기 때문에 다음 항 표의 왼쪽 부분이 원칙이라고 봐도 된다. 즉 유럽위원회가 제출한 법안을 가결하기 위해서는 16개국 이상이 찬성하고, 또한 그 국가들의 인구 합계가 EU 총인구의 65% 이상을 차지해야 한다. 실제로는 각료이사회에서 투표가 이루어지기보다, 합의로서 사안을 결정하는 경우가 많다.

### 칼럼 : 부결된 경우

주의할 점은, 가결 조건 중 하나를 충족시키지 못하였다고 하여 바로 부결되는 것이 아니라는 것이다. 13개국 이상이 반대할 경우에는 무조건 부결된다. 하지만 반대국의 수가 이에 미치지 못하고, EU 총인구의 35%를 넘는 국가들이 반대하고 있는 경우에는 그 국가들이 4개국 이상인 경우에만 부결된다. 독일, 프랑스, 영국, 이탈리아 등 인구가 많은 국가의 경우, 이 중 3개국을 합친 것만으로도 항상 EU 총인구의 35% 이상을 차지한다. 따라서 만약 단순히 인구만을 조건으로 한다면 위 국가들로 인해 부결될 가능성이 높아지기 때문에 중소 규모의 국가들이 불리한 위치에 놓이게 된다. 따라서 기본조약에서는 인구조건으로 인해 부결될 경우에는 인구의 35% 이상만으로는 불충분하고, 반대국이 4개국 이상인 경우에만 부결할 수 있도록 하였다. 물론 통상적으로 각료이사회에서는 사안을 투표에 부치지 않고 합의만으로 결정한다. 하지만 이 특정다수결 규정은, 최후의 수단으로 소가 제기된 경우 일부 대국에게만 일방적으로 유리하지 않도록 고안된 장치라 하겠다.

각료이사회는 입법기능을 가진다. EC 시대에는 각료이사회가 유일한 입법기관이었으나, 점점 많은 사항에 대하여 유럽의회와 공동으로 권한을 행사하게 되었다(각료이사회만 권한을 행사하는 사항도 여전히 남아 있다).

각료이사회는 행정 기능도 가진다. EU의 행정 기능은 유럽위원회 내지 각국 기관에 위임되어 있으나, 각료이사회는 유럽위원회의 권한행사를 감시하고, 경우에 따라서는 유럽위원회 대신 권한을 행사하는 경우도 있다.

각료이사회에는 사무국이 있고, 정책분야별로 조직을 형성하여 각료위원회의 의사활동을 보좌한다. 또한 각국 정부의 장관들을 보좌하는 기관으로 상주대표위원회(Coreper)가 있다. 각 국가의 장관들은 자국 국정으로 인해 바쁘기 때문에, 브뤼셀에 각국 대사급의 '상주대표'를 주재시키고 있다. 이들이 회의를 열어(상주대표위원회) 중대한 결정 이외의 사항은 여기서 결정을 내리며, 장관이 참가하는 각료이사회에서 정식 승인을 받는다.

**현행 특정다수결 제도(리스본 조약)**

| | 유럽위원회 또는 상급대표의 제안사항 | 기타 제안사항 |
|---|---|---|
| 가결조건 | – 국가 : 55% 이상(16개국 이상)의 찬성<br>및<br>– 인구 : 찬성국가의 인구 합계가 EU 총인구의 65% 이상 | – 국가 : 72% 이상(21개국 이상)의 찬성<br>및<br>– 인구 : 찬성국가의 인구 합계가 EU 총인구의 65% 이상 |

| | | |
|---|---|---|
| 부결조건 | - 국가 : 45% 이상(13개국 이상)의 반대<br>및<br>- 인구 : EU 총인구의 35% 이상을 차지하는 4개국 이상의 반대(인구 요건을 충족하여도 반대하는 국가가 4개국 미만이면 부결할 수 없음) | - 국가 : 28% 이상(8개국 이상)의 찬성<br>및<br>- 인구 : EU 총인구의 35% 이상을 차지하는 4개국 이상의 반대(인구 요건을 충족하여도 반대하는 국가가 4개국 미만이면 부결할 수 없음) |

| 분야별 (각료) 이사회 | 의장 |
|---|---|
| 총회(General Affairs Council) | (순번별) 의장국 |
| 외교(Foreign Affairs Council) | 상급대표 |
| 경제·재정(Economic and Financial Affairs Council) | (순번별) 의장국 |
| 사법·내무(Justice and Home Affairs Council) | (순번별) 의장국 |
| 고용, 사회정책, 건강, 소비자문제(Employement, Social Policy, Health and Consumer Affairs Council) | (순번별) 의장국 |
| 경쟁(역내시장, 산업, 연구, 우주)(Competitiveness(internal market, industry, research and space) Council) | (순번별) 의장국 |
| 운송, 통신, 에너지(Transport, Telecommunications and Energy Council) | (순번별) 의장국 |
| 농업·어업(Agriculture and Fishery Council) | (순번별) 의장국 |
| 환경(Environment Council) | (순번별) 의장국 |
| 교육, 청소년, 문화, 스포츠(Education, Youth, Culture and Sport Council) | (순번별) 의장국 |

**유럽위원회**(European Commission)는 브뤼셀에 소재하는 기관으로서, 입법 및 행정기관이다. 입법기관으로서는 (회원국과 독립하여) EU의 공익을 위한 정책을 입안하고 법안을 제출한다. 유럽위원회는 EU 입법사항의 대부분에 대한 법안제출권(제안권)을 독점하고 있다. 또한 행정기관으로서는 채택된 EU법에 따른 정책을

실시하거나 각국 정부에 의한 실시 여부를 감독하고, 실시를 해태하는 각국 정부를 EU 사법재판소에 제소하는 기능을 한다.

유럽위원회에서는 위원장 주도하에 부위원장(약간 명)과 일반 위원이 분야를 나누어 업무를 담당한다. 단, EU의 외교·안전보장 분야는 '상급대표'가 담당한다. 상급대표는 EU를 대외적으로 대표하는, 국가로 치면 외교부 장관에 해당하는 자리이다. 외무이사회의 의장을 맡으면서 유럽위원회의 부위원장도 겸하게 된다. 한 명이 두 개 기관에 속하게 되는 특수한 지위인 것이다(이른바 Double Hat).

각 위원 밑에는 유럽위원회 직원으로 구성된 기구가 있고, 이는 정책분야별로 조직되어 위원을 보좌하게 된다. 단 상급대표의 보좌기관은 유럽대외활동청(European External Action Service, EEAS)이라는 다른 조직이 담당한다. 이는 유럽위원회 직원, 관료이사회사무국 직원, 각국 외교부 파견 직원으로 구성된다.

**유럽의회**(European Parliament)는 입법기관 중 하나이다. EC 시대(1993년)까지는 법안에 대한 의견을 표명하는 자문기관 수준에 머물러 있었다.

1979년부터 유럽의회 의원은 EU 시민

| 유럽의회 국가별 의석 배분 | |
|---|---|
| 독일 | 96 |
| 프랑스 | 74 |
| 영국 | 73 |
| 이탈리아 | 73 |
| 스페인 | 54 |
| 폴란드 | 51 |
| 루마니아 | 32 |
| 네덜란드 | 26 |
| 그리스 | 21 |
| 벨기에 | 21 |
| 포르투갈 | 21 |
| 체코 | 21 |
| 헝가리 | 21 |
| 스웨덴 | 20 |
| 오스트리아 | 18 |
| 불가리아 | 17 |
| 덴마크 | 13 |
| 슬로바키아 | 13 |
| 핀란드 | 13 |
| 아일랜드 | 11 |
| 크로아티아 | 11 |
| 리투아니아 | 11 |
| 슬로베니아 | 8 |
| 라트비아 | 8 |
| 에스토니아 | 6 |
| 키프로스 | 6 |
| 룩셈부르크 | 6 |
| 몰타 | 6 |
| 합계 | 751 |

의 직접선거로 선출되게 되었다. 이전까지는 각국 의회의 의원들이 겸직하고 있었다. 직접선거에서는 국가별로 일정 수준 인구에 비례하여 의석수가 배분된다(p.98의 표 참조). 유럽의회 의원은 아직 EU 통일선거법이 없기 때문에 각국의 선거법에 의해 선출된다(단, 비례선거로 이루어진다는 점은 동일하다). 선출된 의원은 국적과 무관하게 정당이나 파벌을 형성하여 활동하게 된다.

유럽의회는 다수결로 의결한다. 정족수를 충족시킨 의회의 출석자 과반수로 의결하며, 특히 중요한 사항에 대해서는 총의원의 과반수(절대과반수)로 결정을 내린다.

정례회의는 스트라스부르크에서 열린다. 위원회와 임시본회의는 브뤼셀에서 열린다. 의회 사무국은 룩셈부르크와 브뤼셀에 있다. 소재지가 분산되어 있는 것은 모두에게 불편하기 때문에 브뤼셀로 통합시키려는 움직임도 있으나, 소재지 결정은 EU 국가들의 합의에 의하여 정하는 것이기 때문에 프랑스가 스트라스부르크를 포기하지 않는 한 통합은 어려울 것으로 보인다.

의회라는 명칭에도 불구하고 의원 각자가 스스로 법안을 제출할 수는 없다. EU에서 법안 제출권은 일부 예외를 제외하고 유럽위원회가 독점하고 있기 때문이다. 따라서 유럽의회가 할 수 있는 것은 유럽위원회에 대하여 법안을 제출하도록 요청하는 것에 그친다(요청하더라도 유럽위원회가 법안을 제출할 의무는 없다).

유럽의회는 EU 주요기관 중 유일하게 민주적인 대표기관이기 때문에 EU 시민을 대표하여 EU의 다른 기관을 정치적으로 감독하는 역할도 맡고 있다. 따라서 첫째로 유럽의회에게는 조사권이 부여되어 있다. 이 권한을 발동하여 EU의 행정권을 행사하는 각료이사회나 유럽위원회의 행동이 적절한지 여부를 조사하고, 정치적 책임을 물을 수 있다. 둘째로 유럽의회는 유럽위원회에 대하여 불신임결의를 채택하고 유럽위원회를 총사퇴시킬 수 있다. 단, 이 정치적 통제권한은 아직 한 번도 공식적으로 발동된 전례가 없으며, 그 직전까지 간 사례가 한번 있다. 1999년에 산터(Santer) 위원장이 유럽위원회를 이끌던 시절 여러 위원들이 직권을 남용하거나 부정부패행위를 하여 유럽의회가 불신임결의를 채택하기 직전까지 갔으나, 유럽위원회가 자발적으로 책임을 지고 총사퇴했다.

**EU 재판소**는 EU에서 법이 지켜지게끔 하는 재판기관이다. 주요한 것으로 사법재판소와 일반재판소가 있다.

**EU 사법재판소**(Court of Justice)는 EC 설립 당시부터 존재했고 룩셈부르크에 위치한다. EU 회원국에서 각 1명의 재판관(총 28명)이 회원국 모두의 합의에 의해 임명된다. 이와 별개로 법무관(Advocate General)도 8명 임명된다. 법무관은 EU의 공익을 대표하는 자로서 독립된 입장에서 재판소에 각 사건의 바람직한 해결방안에 대한 의견을 개진하는 역할을 담당한다. 재판소는 사건 당사자의 주장이나 법무관의 의견을 참고하여, 재판관들의 합의 끝에 단순다수결로 판단을 내린다.

**EU 일반재판소**(General Court)는 사법재판소의 하급심에 해당한다. 1989년에 유럽 제1심 재판소(Court of First Instance)로 처음 설립되었고, 2009년에 발효된 리스본 조약에 의해 현재 이름으로 바뀌었다. EC가 발전하고 가입국이 증대됨에 따라 소송 건수도 증가하였기 때문에 사법재판소 산하에 제1심을 담당하는 기관으로서 만들어졌다. 룩셈부르크에 위치하며 EU법에 관한 분쟁 전반을 담당한다. 각 나라에서 1명씩 합계 28명의 재판관으로 구성된다. 법무관은 없다. 재판관의 선임방식과 합의방법은 사법재판소와 동일하다(EU 재판소의 재판 구조는 제4장을 참조).

EU 국가들은 EU 기본조약에 정하는 분쟁해결기관 이외에서 EU법에 관한 분쟁을 해결하지 않기로 확약하였다. 따라서 EU 재판소가 EU법에 관한 최종적인 분쟁해결기관이다. EU 국가들이 EU법에 관한 문제를 국제사법재판소(헤이그 소재)에 제소할 수는 없다.

### 기타 기관

그 밖에 자문기관으로 **경제사회위원회**(Economic and Social Committee)나 **지역위원회**(Committee of the Regions)가 있다. 전자는 상공업자, 노동자, 소비자 등의 대표를 모은 자문기관이며 후자는 EU 회원국들의 지자체 대표를 모은 자문기관이다. 양 기관은 유럽위원회에 제출한 법안에 대해 의견을 표명한다. 브뤼셀에서 모임을 가진다.

이외에도 EU의 예산집행이 적절하게 이루어졌는지 심사하는 **회계검사원**(룩셈부르크 소재), 유로화의 운영을 담당하는 **유럽중앙은행**(프랑크푸르트 소재)이 있다.

### 결 론

EU 주요기관의 구성, 임명절차, 의사결정방식, 직무 권한을 요약하면 다음 표와 같다.

| | 유럽이사회 European Council | 각료이사회 Council of the EU | 유럽위원회 European Commision | 유럽의회 European Parliament | EU재판소 (사법재판소, 일반재판소) |
|---|---|---|---|---|---|
| 기관장 | 이사장 1인 (임기 2.5년, 재임 1회 가능) | 의장국(임기 반년, 순번제)<br><br>외교이사회 의장은 상급 대표(임기 5년) | 위원장 1인 (임기 5년) | 의장 1인 (임기 5년) | 사법재판소 소장 1명<br><br>일반재판소 소장 1명 |
| 구성원 · 보좌 기관 | 각국 정상, 유럽위원회 위원장 | 회원국 정부의 각료급 대표<br><br>보좌기관 : 상주대표위원회(Coreper) 및 각료이사회 사무국 | 위원 28명(위원장을 포함, 각 국가에서 1명), 임기 5년<br><br>보좌기관 : 유럽위원회 직원의 관료조직 | 의원 750명, 의장 1명 임기 5년 | 재판관 28명 (각국 1명) 법무관 8명(사법재판소) 재판관, 법무관 임기 6년 |
| 임명 절차 | 각국 정상 : 각국 헌법이 정하는 절차에 의함 | 각국 대표 : 각국 헌법이 정하는 절차에 의함 | 위원장 : 유럽의회선거 결과를 토대로 각국 정상회의에서 후보를 선정하고 유럽의회의 승인을 얻어 임명. 위원 : 위원장과 각료이사회가 협의하여 위원단을 선정하고, 유럽의회가 일괄 승인하여 임명. | EU 시민에 의한 직접비례선거로 의원 선출 | 구성국 공통의 합의로 임명 |
| 대표 이익 | 국익, EU 공익 | 국익 | EU 공익 (모두로부터 독립하여 임무 수행) | 여러 EU 시민의 이익 | 법의 준수=법의 지배 실현 |

| | | | | | |
|---|---|---|---|---|---|
| 결정 방식 | 만장일치 | (사안에 따라) 특정다수결 또는 만장일치 | 단순다수결 | (사안에 따라) 출석의원 다수결 또는 총의원의 절대다수결 | 단순다수결 |
| 직무·권한 | (대국적 결정) 정치방침 표현, 입법권 없음. 각료이사회에서 난항을 겪는 사안 해결 | (입법) 법안, 예산안 채택<br><br>(행정) 유럽위원회의 EU법 집행 감독, EU법을 스스로 집행 | (입법) 법안, 예산안 제출<br><br>(행정) EU법을 집행. 각국 EU법 집행을 감독. 불이행국은 EU 사법재판소에 제소 | (입법) 법안, 예산안 채택<br><br>(타 기관에 대한 정치적 제재)<br>– 의회조사권 발동<br>– 유럽위원회 불신임 결의 | (사법) 사법재판소<br>– 선결적 부탁<br>– 직접소송<br>– 일반재판소에서 상소심사<br><br>일반재판소<br>– 직접소송 |

## 2. EU의 입법과 행정

EU의 정책은 대부분 입법을 통해 실현된다. EU 국가들과 사람들, 기업에게 공통적이고 통일적인 정책을 실시할 필요가 있기 때문이다.

### EU의 입법절차

EU 입법은 기본조약에서 정하는 절차에 따라 채택된다. 입법 명칭은 EU '규칙', EU '지침', EU '결정' 등이다(후술하는 3. 참조). 현재의 기본조약은 입법절차를 아래와 같이 분류하고 있으며, 표준적으로 가장 많이 사용되는 것이 통상입법절차이다.

– 통상입법절차

각료이사회와 유럽의회가 대등한 지위에서 법안 채택(이전의 '공동결정절차')

– 특별입법절차

(1) 각료이사회가 법안을 채택, 유럽의회가 승인(이전의 '승인절차'), 유럽의회가 입장표명(이전의 '자문절차')

(2) 유럽의회가 법안 채택, 각료이사회가 승인

여러 종류의 절차가 있는 것은 역사적인 이유에서 비롯된다. 또한 그 이면에는 EU 회원국과 통치조합으로서의 EU 사이에 입법권을 둘러싼 암투가 있다. EC 시대의 '자문절차', EU 시대의 '공동결정절차'(=통상입법절차)를 보자.

EC 시대의 표준적인 입법절차는 '자문절차'였다(현재 EU에도 이 절차가 일부 남아 있으므로 꼭 과거의 것이라고 할 수는 없다). 다음은 그 절차이다.

유럽위원회(법안제출) → 유럽의회(자문의견 표명) → 각료이사회(채택)

이 절차의 특징은 유럽의회에게 법안을 채택할 권리가 없다는 점이다. 유럽의회는 법안에 대한 의견(각료이사회를 구속하지 않는다)을 표명할 뿐 법안 수정이나 채택에 대한 권한은 가지지 못한다. 따라서 이는 '자문절차'라 불렸다.

이 절차의 이면에는 유럽위원회와 각료이사회 간의 입법권한을 둘러싼 다툼이 있다. 유럽위원회는 EU 전체의 공익을 위해 법안을 작성한다. 한편 각료이사회에서는 EU 회원국의 정부 대표가 국익을 주장한다. 유럽위원회는 제안권과 철회권을 독점하고 각료이사회는 채택권을 독점한다. 유럽위원회가 EU의 공익을 위해 만든 법안을 각료이사회가 국익을 고려해 대폭 수정하여 알맹이가 빠지면, 유럽위원회는 언제든지 법안을 철회할 수 있었다. 한편 각료이사회는 각 나라의 국익에 반하는 유럽위원회의 법안을 부결할 수 있었다. EU 공익과 회원국의 국익이 충돌하는 상황에 대한 일종의 타협점인 셈이다.

각료이사회는 1966년부터 1980년대 후반까지 이러한 절차를 각국 정부에게 유리하게만 이용해 왔다. 즉 기본조약에서 '각료이사회의 특정 다수결로 채택한다'고 규정되어 있음에도, 각 국가의 '매우 중요한 국익'에 관한 법안은 만장일치가 될 때까지 채택하지 않았다(룩셈부르크 타협). 만장일치는 한 국가의 반대만으로도 성립하지 않기 때문에, EU의 모든 국가가 거부권을 가진 것과 같은 상황이 된다. 룩셈부르크 타협에 의해 EU 각국은 자국의 이해에 반하는 법안을 한 국가만으로도 파기할 수 있게 된 것이다. 이렇듯 EC 시대에는 EU 각국 정부가 각료이사회를 통해 입법내용을 완전히 통제할 수 있는 권력을 가지고 있었다.

**칼럼 : 룩셈부르크 타협**

1965년에 유럽위원회가 제출한 농업정책법안에 대해 농업국인 프랑스의 드골 대통령이 반대 의사를 표시했다. 드골 대통령은 각료이사회에 프랑스 대표를 보내지 않는 '공석전술'을 사용하였다. EC 운영은 반년간 정체현상을 겪었다. 이듬해 룩셈부르크가 전술한 운영방법이 포함된 타협안을 제시하여 사태를 수습하였다. 이에 '룩셈부르크 타협'으로 불린다.

하지만 시대가 변하고 참여자의 수가 증가하면서 입법절차도 변화를 겪게 되었다. 1979년에 유럽의회의 직접선거가 실시되었고, 유럽의회는 민주적 대표기관으로서 법안의결에 깊게 관여해야 한다는 주장이 목소리를 높이기 시작했다. 또한 1985년 '역내시장 완성'을 목표로 드골 유럽위원회가 발족되면서 입법수요가 급증하였다. 1986년에는 스페인과 포르투갈이 EU에 가입하여 회원국은 12개국으로 늘었다. 이러한 변화 속에서 가입자 수가 증가한 각료이사회를 계속 만장일치로 운영하는 것은 불가능했다. 특히 유럽의회를 입법에 깊게 관여할 수 없도록 하는 '자문절차'와 '룩셈부르크 타협'에 의한다면, 역내시장 완성을 위한 280여 개의 법안을 단기간에 처리할 수도 없을 뿐만 아니라, 유럽 사람들을 납득시킬 수 없을 것으로 예상되었다.

이에 EU 국가들은 입법절차의 개혁에 착수하였고, 1986년 이후 기본조약을 개정할 때마다 조금씩 새로운 입법절차를 도입하였다. 새로운 절차가 적용되는 입법사항은 특정다수결 원칙에 따르게 되었고, 룩셈부르크 타협에 따라 운영되던 모습은 자취를 감추게 되었다.

오늘날 통상입법절차가 공동결정절차라는 명칭으로 도입된 것은 1992년의 마스트리히트 조약 때이다. EC 역내시장에 관한 법안이 대량으로 통과되고, EU 시대를 맞이하여 여러 정치적인 과제가 주어진 상황에서, EU 사람들의 대표기관인 유럽의회가 입법과정에 깊게 관여할 수 없다면 EU가 민주적으로 운영되고 있다고 보기 어렵다는 비판이 강하게 이뤄졌다(민주주의의 결핍). 이에 공동결정절차가 도입되었다.

공동결정절차란 각료이사회와 유럽의회가 공동으로 법안을 채택하는 것을 말한다. 유럽의회는 이 절차를 통해 처음으로 '채택권'을 손에 넣었다. 공동결정절차는 당초 일부 사항에 한정하여 도입되었고, 여전히 종래의 자문절차가 여러 부문에 걸쳐 남아 있었다. 하지만 조약을 개정해 나가며 공동결정절차의 적용범위가 확대되었고, 2009년에 발효된 리스본 조약에서는 입법사항 중 70%가 공동결정절차에 따르게 되었다. 이젠 명실상부하게 '통상적인' 입법절차가 되었고, 공동결정절차는 '통상결정절차'라는 명칭을 얻게 되었다(단, 아직도 특별입법절차의 한 종류로서 자문절차가 일부 남아 있다).

통상입법절차(공동결정절차)를 간략하게 도식화하면 아래 그림과 같다(각료이사회도 유럽의회도 각 단계에 반대하여 법안을 폐기할 권리를 가진다. 또한 협의위원회는 각료이사회, 유럽의회로부터 동수의 대표자를 선출하여 타협안(공동문서)에 대한 교섭을 진행한다).

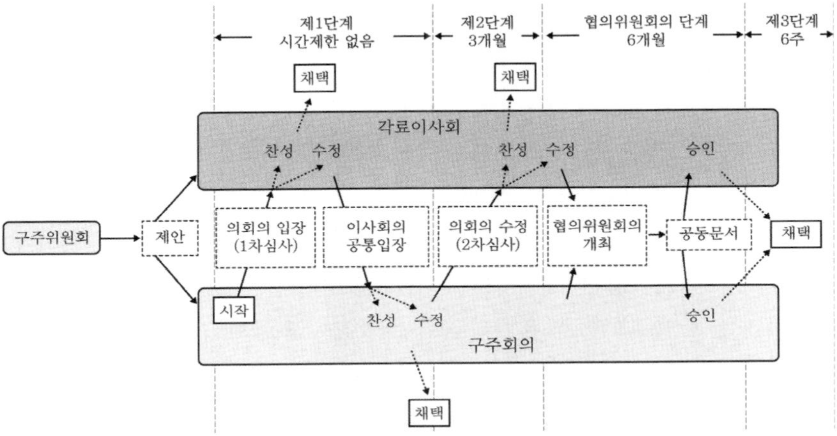


통상입법절차에서 중요한 것은 세 가지이다.

① 각료이사회와 유럽의회가 채택권을 공유한다.

② 유럽위원회의 법안에 기초하여, 유럽의회와 각료이사회가 수정을 가해 이해관계를 조율한다.

③ 원칙적으로 각료이사회는 특정다수결, 유럽의회는 절대다수결로 의결한다.

위 사항을 종합하면, 통상입법절차에 의한 EU 입법은 각국 정부대표들과 각료이사회에게 다음과 같은 의미를 가진다.

– 자국의 이해관계에 부합하는 법안을 유지할 수 없다. 유럽의회가 이를 수정할 수도 있기 때문이다.

– 자국의 이해관계에 반하는 법안을 단독으로 파기할 수 없다. 룩셈부르크 타협에 따른 실무관행도 사라졌고, 각료의사회는 특정다수결에 의해 행동하기 때문에 1개 국가 단독으로는 부결할 수 없다.

즉 EU 국가는 개별국가 차원에서 EU 입법 내용에 대한 궁극적인 제어능력을 상실했다. 또한 각료이사회 차원에서도 EU 법안의 내용을 완전히 제어할 수 없게 되었다. 유럽의회가 이를 수정하거나 폐기할 수 있기 때문이다. 이렇게 EU시대의 통상입법절차에서 EU와 각 국가 간의 줄다리기는 막을 내렸고, 유럽위원회(EU 공익), 유럽의회(다양한 사람들의 이익), 각료이사회(모든 국가의 집합적 타협)의 3자 구도로 재편되었다. EU의 개별 국가가 궁극적인 제어능력을 상실한 점은 특히 주목할 만하다. 이는 국가주권이 EU에 의하여 제한된 것으로 풀이할 수 있다.

**칼럼 : 통상입법절차는 EU입법의 민주적 정당성 제고에 기여하는가?**

통상입법절차(공동입법절차)가 명실상부한 EU 입법절차의 표준이 됨으로써, 유럽의회의 입법권한이 확대되고 이에 따라 EU 입법의 민주적 정당성도 높아졌다는 것이 일반적인 평가이다.
하지만 이 절차가 실제로 어떻게 활용되고 있는지 살펴보면, 꼭 그렇지만은 않다는 것을 알 수 있다. 공식적인 통상입법절차 외에도 비공식적인 루트가 생기고 있기 때문이다.
통상입법절차에서는 제2단계 이후부터 시간적인 제약이 부과된다. 따라서 시간제한이 없는 제1단계에서 유럽의회와 각료이사회 양측의 대표자들이 비공식적으로 모임을 가지며 타협안을 만들고, 이를 공식적인 통상입법절차에 회부하여 제1단계 도중 내지는 제2단계 초기에 채택하는 경우가 매우 빈번해졌다.
통상입법절차의 제2단계·협의위원단계·제3단계에서 해야 할 일들을 앞당겨 비공식적으로 처리하는 것은 실무적으로 유용할 수 있다. 하지만 그 결과 비공식적으로 이루어진 부분은 의사진행에 관한 사항도, 의사록도 공개되지 않으며, 시민들에게는 아무것도 알려지지 않는다. 리스본 조약은 입법을 심의하는 각료이사회와 유럽의회의 회의를 공개하고, 의사록도 공개하며, EU 시민에게 입법에 관한 토의과정을 투명하게 공개하도록 했다. 하지만 이는 공식절차에 한하여 적용되는 이야기이다. 비공식절차가 일반화될수록, 이러한 개혁은 공허한 것이 된다.

**EU와 구성국의 입법권한 배분**

자문절차에서 통상입법절차(공동결정절차)로 변화해 온 경위에서도 엿볼 수 있듯, EU 회원국들은 통치조합인 EU를 만들어 놓고도 입법에 관한 권한을 쉽게 넘기려 하지 않는다. 범위를 한정하여 EU에게 입법권을 인정하면서도, 동시에 EU 회원국도 권한을 가진다거나, EU가 권한을 행사하기 전까지는 각 회원국에 권한이 유보된다는 등의 조건을 붙인다.

EU에 주어진 입법권의 범위 및 성질과 관련하여, 지금까지 많은 소송이 이뤄졌고 EU 사법재판소의 판결이 축적되었다. 이를 기초로, 현재 기본조약에는 EU와 구성국 간에 입법권이 어떻게 배분되는지, EU가 가지는 입법권한의 성질은 무엇인지 규정되어 있다(다음 표 참조). EU의 입법권한은 사안에 따라 배타적으로 행사되거나, 공유 관계에 있거나, 보조적 역할을 하거나, 기타 여러 성질을 가진다.

**[EU와 회원국의 입법권한 배분**
**(EU 운영조약 제3조~제6조, EU조약 제4조, 제5조, 제24조)]**

| EU | | | 회원국 |
|---|---|---|---|
| 배타적 권한<br>(운영조약 제3조)<br>exclusive | 공유 권한<br>(운영조약 제4조, 원칙임을 규정한 제4조 제1항)<br>shared | 지원 권한<br>(운영조약 제6조)<br>supporting | |
| – EU만이 입법 가능<br>– 구성국의 입법권은 배제됨(EU 기관이 회원국에 권한을 부여하거나, EU법에서 각 회원국이 실시할 것을 정하는 경우를 제외. 운영조약 제2조 제1항) | – EU가 입법권을 행사하지 않는 경우, 또는 입법권 행사를 종료한 사항은 회원국이 권한 행사 가능<br>– 일단 EU의 입법이 있다면, 그 범위에서 구성국 법이 배제되고 EU법이 우선시됨(연구기술, 우주개발, 개발원조, 인도적 원조를 제외. 운영조약 제2조 제2항) | – EU는 회원국의 행위를 지원, 조정, 보완하는 조치에 한하여 채택권을 가짐<br>– EU는 회원국의 법규를 변경할 권리를 가지지 못함<br>(회원국 간 행동의 조정, 지원조치 등만 가능. 운영조약 제2조 제5항) | – 회원국만 입법 가능<br>– EU에 부여하지 않은 권한은 회원국이 가지고 있음(권한부여의 원칙, EU조약 제4조 제1항, 제5조 제2항) |
| [한정적 열거]<br>– 관세동맹<br>– 역내시장의 운영에 필요한 경쟁법규<br>– 유로화 국가들의 통화정책<br>– 공통어업정책과 해양생물자원보호<br>– 공통통상정책<br>– 일정한 국제조약을 체결하는 경우(EU가 입법을 통해 국제조약의 체결을 정하는 경우, EU 역내에서 권한행사를 위해 국제협력의 체결을 요하는 경우, 국제조 | [예시적 열거]<br>– 역내 시장<br>– 사회정책<br>– 경제, 사회, 영토 결속<br>– 농업, 어업<br>(해양생물자원확보를 제외)<br>– 환경<br>– 소비자 보호<br>– 운송<br>– 범유럽교통망<br>– 에너지<br>– 자유, 안전, 사법<br>– 공중위생, 안전 | [한정적 열거]<br>– 건강의 보호, 증진<br>– 산업<br>– 문화<br>– 관광<br>– 교육, 직업훈련, 청년대책, 스포츠<br>– 재난, 재해 보호<br>– 행정 협력 | [EU조약에서 명문으로 회원국에 유보한 사항]<br>– 공공질서, 공안 유지<br>– 형사법, 형사사건<br>– 임금 교섭, 단결권, 파업권, 직장폐쇄권<br>– 건강, 의료서비스 제도 편성<br>– 재산소유제도 규범<br><br>[기타 구성국에 유보된 사항] |

| | | | |
|---|---|---|---|
| 약이 EU 공통규칙에 영향을 미치거나 당해 규칙의 범위를 변경할 우려가 있는 경우, 그 범위 내에서. 운영조약 제3조 제2항) | | | – 과세권<br>– 징병권<br>– 경찰권<br>– 방위권<br>– 기타 권리 |
| 기타<br>(위 어느 분류에도 해당하지 않는 것)<br>경제, 고용정책(운영조약 제2조 제3항, 제5조)<br>공통외교, 안보, 방위(운영조약 제2조 제4항, EU조약 제24조) | | | |

위 표에서는 어느 분야가 어떤 성질의 권한에 속하는지 정리하였다. '한정적 열거'란 열거된 것에 한정된다는 뜻이며, '예시적 열거'란 예를 든 것 이외에 다른 것도 있을 수 있다는 것이다.

**EU의 행정**

행정 단계에서는 EU의 정책과 입법을 실시하며, 강제력을 가지고 집행하게 된다.

EU의 정책과 입법은 대부분 EU 각국의 정부기관에 의해 이루어진다(간접행정).

**[EU 기관의 직접행정]**

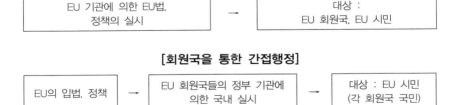

EU 기관에 의한 EU법, 정책의 실시 → 대상 : EU 회원국, EU 시민

**[회원국을 통한 간접행정]**

EU의 입법, 정책 → EU 회원국들의 정부 기관에 의한 국내 실시 → 대상 : EU 시민 (각 회원국 국민)

EU의 정책을 EU 기관(유럽위원회나 각료이사회)이 직접 실시하는 '직접행정'은 그 예가 많지 않다. 직접행정의 대표적인 예는 EU 경쟁법이다. 제2장에서 소개하였듯이, 유럽위원회가 EU 경쟁법을 집행할 권한을 보유하고 있기 때문에 EU 역내 기업들의 반경쟁행위를 조사하고, 적발하고, 과징금을 부여할 권한을 가진다. 2000년대에 들어와서는 EU 경쟁법의 실시·집행조차 EU 회원국의 경쟁법 담당기관과 분담하여 담당하게 되었다.

EU는 독자적으로 물리적인 강제력을 행사할 수 있는 경찰이나 군대 등을 보유하고 있지 않다. 하지만 EU의 정책·입법의 대부분은 EU 회원국의 국가기관을 통해 간접적으로 시행되기 때문에 각 국가가 보유한 강제력을 통해 EU의 정책을 집행하게 된다. EU가 직접 행정에 관여하여 강제력이 필요한 경우에는(EU 경쟁법에서 기업의 현장조사 등) 관계국 정부당국의 협력을 얻게 된다. 결국 EU와 EU 회원국 간 협력관계가 있는 한 EU에게 강제력이 있는 것과 마찬가지인 결과를 낳는다.

## 3. EU법과 재판

EU 설립의 기초가 된 법(기본법규)과 설립된 EU가 만드는 법(파생법규)을 합쳐 EU법이라 한다. EU조약과 EU 운영조약은 EU제도의 기본이 되기 때문에 기본조약이라고도 불린다.

**EU법의 분류**

EU법 – 기본법규 : EU조약, EU 운영조약, EU 기본권헌장, 법의 일반원칙
EU법 – 파생법규 : EU 입법인 규칙, 지침, 결정, EU가 체결하는 국제조약

규칙(Regulation) : 그 자체로 회원국 사람들에게 직접 적용
지침(Directive) : 각국의 국내법을 통해 실시
결정(Decision) : 특정인 또는 특정국을 직접 구속
조약(International Agreement) : EU가 다른 국가 내지 국제기구와 체결하는 국제조약(명칭은 '협정', '의정서'로 되어 있어도, 조약으로 취급된다)

**직접적용성**

EU 사법재판소에 따르면, 규칙의 내용이 명확하고, 효력발생을 위한 별도의 조건이 없는 한 EU법은 EU의 구성원들에게 직접 권리·의무를 발생시킨다. 이를 직접적용성이라고 한다. 이는 EU조약, EU 운영조약 등의 기본법규 및 파생법규에도 적용된다.

UN 등 다른 국제기구와 비교해 보면 이 법리가 얼마나 중요하고 획기적인 것인지 알 수 있다. UN 등의 국제기구에서는 국가 간에 조약이 체결되나, 그 조약이 바로 사람들이나 기업에게 일정한 권리나 의무를 발생시키는 것은 아니다. 발생 여부는 각국의 헌법 또는 국내법에 의한다. 구체적이고 명확한 내용이라면 국제법에서 정한 바에 따라 국내에서도 자동적으로 법적인 권리·의무를 발생시킨다고 정한 입법례도 있다. 하지만 구체적이고 명확한 내용이라 할지라도, 국제적으로 정한 사항은 그 자체로 국내에 권리나 의무를 발생시키는 것은 아니며, 국내 의회나 정부가 이에 맞춘 법령을 제정하여 국내법으로 편입시키는 과정을 거쳐야만 비로소 수범자인 국내 사람들에게 일정한 권리나 의무가 발생한다고 보는 국가도 적지 않다. 따라서 국가와 국가 간의 국제조약에 정해진 사항이 논리필연적으로 세계 각국의 사람들에게 직접 권리나 의무를 발생시키는 것은 아니다.

하지만 EU 사법재판소는 EU 각국 헌법의 입장과 무관하게 일률적

으로 (기본법규부터 파생법규에 이르기까지, 내용이 명확하고 구체적이라면) EU법이 모든 EU 구성국에 직접적인 효력(직접적인 권리)을 미친다고 판시하였다. 특히 재판소는 구 EC 설립조약(=현 EU 운영조약)이 정하는 상품, 서비스, 자본, 인적 자원의 자유이동 규정에 직접적인 효력이 있다고 보았다. 따라서 제2장에서 보았듯 사람들은 여러 소송을 제기할 수 있게 되었다.

EU 사법재판소가 판례를 통하여 '직접적용성'에 관한 관념을 정립함으로써, 시장통합을 촉진하는 역할을 완수하였다고 평가할 수 있다. 이렇게 축적된 EU 사법재판소의 판례가 EU의 입법이나 기본조약 개정을 촉진하기도 하였다(제2장의 사람의 자유로운 이동, 거주권 등을 둘러싼 판례의 전개 등).

### EU법 우위의 원칙

이에 더하여 EU 사법재판소는 또 하나의 중요한 판례법을 만들었는데, 바로 EU법 우위의 원칙이다. 이는 EU 회원국의 국내법과 EU법이 모순되어 대립하는 경우, EU법이 언제나 반드시 우선하여 적용된다는 원칙이다. 회원국의 헌법이나 지방자치단체의 조례에 이르기까지, 모든 국내법보다 항상 EU법이 우위에 있기 때문에 EU법 우위의 원칙이라 불린다.

#### 칼럼 : EU법 우위의 원칙이 적용된 사례

예를 들면, 영국의 '성차별금지법'은 남녀차별을 금지하고 있었으나, 예외규정을 통해 남녀근로자의 퇴직연령은 법적용의 예외로 하였다. 한편 1976년의 EU 지침은 퇴직조건을 포함한 근로자의 노동조건에 있어 남녀가 평등해야 한다고 정하였다. 이에 영국에서의 남녀 퇴직연령 차별은 영국법상으로는 합법, EU법상으로는 위법한 것이 되었다. 이러한 경우 EU법에 해당하는 EU 지침이 영국법에 우선하여 적용된다는 것이 EU법 우위의 원칙이다.

EU법 우위의 원칙을 인정하지 않으면, 나라마다 EU법을 적용한 결과가 제각각이 되어 EU법상 권리보호에 불평등이 발생한다. 즉 EU법이 공통법으로서의 기능을 다하지 못하게 된다.

**칼럼 : 각국 법원의 저항**

하지만 EU 각국의 법원(특히 대법원, 헌법재판소)에서 순순히 이를 받아들였을까? 각국이 그 헌법(조합의 주인)을 기반으로 하여 EU(조합)를 만들었는데, EU(조합)가 각 나라의 헌법(주인)을 넘어 EU법을 밀어붙이는 것은 주객이 전도된 것이 아닐까? 나아가 정통성이 결여된 것으로 부당하다고 여겨지지 않을까?

독일 연방헌법재판소 등에서는 실제 이러한 생각에 따라 각 나라의 헌법이 가장 중요하다고 생각하는 부분(인권규정, 민주주의의 원칙 등)에서는 EU법 우선의 원칙이 적용되지 않는다고 본다. 하지만 EU도 인권을 보장하고 있으며, 제도개혁을 통해 민주적으로 입법을 해 왔기 때문에 실제 사안에서는 어느 재판소도 EU법 우위의 원칙을 정면으로 부정하지는 않고 있다(이론적으로는 부정할 가능성을 남겨 두고 있다).

### EU의 재판

EU법이 EU 회원국의 구성원들과 기업에 직접 적용되기 때문에, 다른 구성원 내지 기업을 자국 재판소에 제소할 때 EU법을 직접 원용할 수 있다. 이에 EU 고유의 소송절차가 고안되었다.

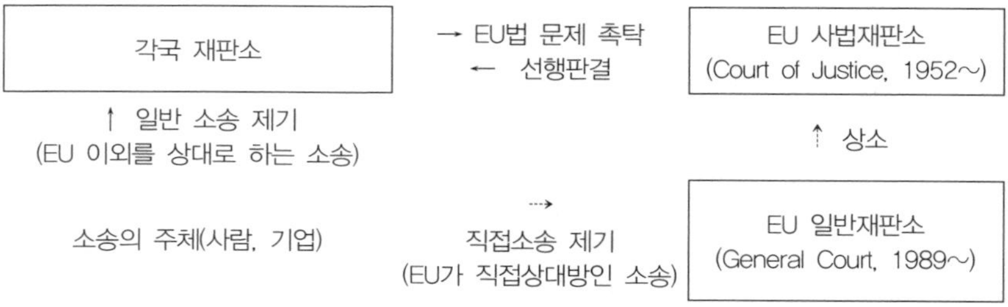


### 선결적 부탁 절차

EU 회원국 재판소에 제기된 소송에서 EU법의 해석이나 효력이 쟁점이 된 경우, 각국 재판소는 소송절차를 일단 정지하고, EU 사법재판소에 관련 문제를 촉탁하여 EU법의 해석과 효력에 관해 통일적인 판단을 요청할 수 있다(또한 대법원과 같은 최종심의 경우, 원칙적으로 EU법 문제를 촉탁해야 한다). EU 사법재판소가 당해 EU법 문제에 대해 '선결적 판단'을 내리고, 각 국가의 재판소는 절차를 재개한 후 이를 적용하여 종국판결을 내리게 된다. 각국 재판소 판결의 선결문제인 EU법 문제에 한한 (엄밀히 말해서 판결이라기보다는) '판단'이기 때문에 선결적 부탁이라고 불린다. 이는 EU 회원국 간 EU법의 통일적 해석을 확보하기 위한 절차이다. 선결적 부탁은 EU 사법재판소가 담당한다.

한편, 예를 들어 EU 경쟁법 위반으로 인해 유럽위원회로부터 과징금을 부과 받은 기업이 있다고 가정하자. 이 기업은 EU(유럽위원회)를 상대로 소송을 제기하게 되며, 직접 EU 재판소에 제소할 수 있다. 이를 직접소송이라 한다.

### 직접소송

사람들, 기업, 구성국, EU 기관이 직접 EU의 기관을 상대로 EU 재판소에 소송을 제기하는 유형이다. 국가 내지 EU 기관이 원고가 되어 소를 제기하는 경우 EU 사법재판소가 직접 사건을 담당하게 된다. ① 회원국의 EU 기관을 제소하는 경우 ② 유럽위원회가 회원국을 제소하는 경우 ③ 회원국 상호간 소송 ④ EU 기관 상호간 소송이 위 경우에 해당한다. 대표적인 예로 ② 유럽위원회가 국내에서 EU법을 시행하지 않는다는 이유로 회원국에 대해 소송을 제기하는 경우, ④ 유럽위원회가 각료이사회에 대해 소송을 제기하는 경우, 유럽의회가 유럽위원회에 대해 소를 제기하는 경우가 있다. ①의 경우는 적고, ③은 거의 드물다.

구성원들이나 기업이 원고가 되어 EU 기관을 제소하는 경우 제1심은 EU 일반재판소가 담당하게 된다(이 판결에 불복하여 상소하는 경우, EU 사법재판소가 제2심이자 최종심을 담당하게 된다). 예를 들면 유럽위원회로부터 EU 경쟁법 위반으로 인해 과징금을 부과받은 기업이 유럽위원회 결정이 위법하다는 이유로 취소소송을 제기한 경우, 그 취소소송은 EU 일반재판소에 제기하게 된다. 또는 어떤 사람이 테러리스트로 오인되어 각료이사회가 그 사람의 자산을 동결한 경우, 동결재산의 취소조치 내지 EU에 대한 손해배상소송은 EU 일반재판소에 제기하게 된다(구체적인 예는 제4장 카디 사건 참조).

### 결론 — EU를 이끄는 것은 누구인가

이 장에서는 EU의 기관을 소개하고, EU에게 입법, 행정, 사법권이 있음을 알아보았다. 그렇다면 이를 종합해 보았을 때 EU를 이끄는 것은 누구일까? 다음 표에서 간단하게 정리해 보았다.

| EU 설립 · 개혁 | EU의 일상적 운영 |
|---|---|
| EU 기본조약의 체결 · 개정<br>– EU 회원국 : 조약체결 · 개정<br>– 유럽의회 : 조약개정 제안 가능<br>– EU 회원국 의회(또는 국민) : 조약체결 · 개정 승인 | EU의 거시적인 활동방향 설정<br>– EU 회원국 정상(유럽위원회)<br><br>EU 정책과 입법 제 · 개정<br>– 유럽위원회, 유럽의회, EU 회원국 정부 대표(각료이사회)<br><br>EU 정책 · 입법의 실시<br>– EU 각 국가의 정부기관<br>– 유럽위원회, 기업, 개인의 소송 제기<br><br>(EU재판소의 선결적, 일반적 판결로부터 개인의 새로운 권리나 EU의 권한이 인정되어, 이것이 새로운 입법이나 기본조약 개정으로 이어진다) |
| 이 국면에서는 EU 회원국 정부가 가장 유력한 정치적 주체이다. 단, 조약 비준을 위해 국민투표가 필요한 국가에서는 국민이 가장 유력한 정치적 주체가 된다. | 각기 관여 방법이나 정도의 차이는 있지만, 이 국면에서는 EU 기관, 각국 정부, 개인, 기업들이 EU를 움직이는 주체가 된다. |

# 제 4 장

## EU와 세계는 어떤 관계인가

# 제4장
# EU와 세계는 어떤 관계인가

EU는 세계와 어떤 관계에 있었으며, 지금은 어떤 관계에 있는가. 이 장에서는 EC 시대와 EU 시대로 나누어 대외관계에 대해 알아보고자 한다.

## 1. EC 시대

EC 조약은 다음과 같은 활동에 대해 규정하였는데, 그중 주요한 것은 경제 분야의 활동이다. 여기서는 EC가 국제조약을 체결할 권한과, 국제무대에서 EC라는 이름으로 행동할 수 있는 능력이 있다고 정하였다.

– 대외공통관세의 도입 : 관세동맹에 기초한 '공동시장'을 설립하기 위하여 EC 국가들이 공통의 대외관세를 도입한다.
– 공통통상정책(Common commercial policy) : EC 국가들이 통일적으로 공통관세율의 변경과 무역협정 체결 등에 대한 대외통상정책을 펼친다.

– 연합협정(Association agreement) : EC 국가들과 특별한 관계가 있는 역외 국가들(EC 국가들의 구 식민지 국가들 등)과 EC가 특별협정을 체결한다.
– 다른 국제기관과의 협력 : UN, 유럽평의회, OECD 등과 EC가 협력한다.
– 가입교섭 : EC 가입을 신청한 유럽 국가와 EC가 가입 관련 교섭을 한다.

1970년대에 들어 EU 사법재판소는 EC의 대외적 권한을 더욱 넓게 인정했다. 즉, 역내에서 EC가 어떠한 사항에 대한 입법을 하면, 그 사항에 대해 EC에 대외적인 조약체결 권한이 암묵적으로 발생한다고 판단했다(묵시적 권한의 법리). 입법권의 내부와 외부가 대칭을 이루고 있지 않으면 EC법이 실효성을 잃기 때문이다. 이러한 법리에 따라 EC가 역내에서 입법권을 행사한 사항에 대해서는 묵시적으로 대외적으로도 권한이 있다고 인정되었고, EC가 할 수 있는 대외활동의 범위가 확장되었다.

EC는 역내의 경제 분야에 관한 입법권한을 행사했기 때문에, 대외활동의 주요한 성과도 경제 분야 위주로 거둘 수 있었다. 한편 후술하듯 인접 국가들에 대한 EU의 가입교섭은 정치적인 의미가 있는 외교활동이기도 했다. EU 입장에서 EU에 가입한다는 것은 인접 국가에 EU의 정치적 목표(=유럽의 항구평화)와 이를 뒷받침하는 원칙·규칙을 보급한다는 의미를 가지기 때문이다. 이와 별개로 1980년대부터는 EC 전체의 차원에서 특정 역외 국가의 정치나 정책을 비판하며 경제제재조치를 취하는 등, EC의 경제수단을 통해 EC 국가 공통의 정책 목표를 달성하려는 움직임도 보이게 되었다.

### EC와 세계의 연관성 1 : EC와 GATT

EC 시대 경제 분야의 대외활동은 공통관세(관세동맹)의 도입으로부터 시작되었다. 미국 등 세계 선진국가들과는 GATT(관세 및 무역에 관한 일반협정) 교섭을 통해 관계를 맺게 되었다. GATT는 다국 간 (농작물을 제외한) 상품무역의 자유화를 촉진하기 위하여 상품의 관세를 인하하고 수량 제한을 철폐하는 것을 그 내용으로 한다.

EC는 1968년에 대외공통관세를 도입했지만, 이를 둘러싸고 미국과 물밑 교섭이 이루어졌다. EC 국가들이 대외관세 도입과 역내 관세철폐에 관한 움직임을 보이기 시작하자 미국은 GATT의 관세인하 교섭을 제창하고 EC 국가들에 대해서도 낮은 대외관세를 도입하도록 압력을 가하였다(1964－67년의 케네디 라운드 교섭). EC의 대외공통관세는 미국 등과 이 교섭을 통해 GATT에서 합의한 관세율을 반영한 것이다.

1973－79년의 GATT 도쿄 라운드 교섭에서는, 유럽위원회가 EC 대표로서 상품무역에 관한 교섭에 참여하였다. EC 사법재판소가 상품무역과 관련해서는 EC에게 공통통상정책에 관한 배타적인 권한이 있다고 인정하였기 때문이다. 여기서는 상품무역 시 수출보조금 삭감, 덤핑방지조치 등 관세 이외의 무역장벽을 제거하기 위한 조치에 관해 합의가 이루어졌다.

1986－94년의 우루과이 라운드에서는 GATT를 WTO(세계무역기구)로 발전시키는 것에 대한 논의가 있었다(WTO는 1995년에 발족되었다). 상품무역과 관련해서는, 지금까지 제외되었던 농산물 부문에도 자유무역의 원칙이 미치게 되었다. 이에 따라 EC와 미국이 농업보조금 삭감을 둘러싸고 심각하게 대립하였다. 양측 모두 국내농업 보조금, 농산품의 수출보조금 제도를 가지고 있었다. 미국은 EC의 '공통농업정책(특히 가격지지정책과 수출보조금제도)'은 보호주의의 산물이라며 강하게 비판했다. 결국 양자는 보조금제도를 남기면서도, 그 금액은 삭감하는 선에서 타협을 이루었

다. 이에 EC는 '공통농업정책'의 개혁에 착수할 수밖에 없게 되었다(제2장 참조). 또한 이 라운드에서는 상품무역 이외에도 새롭게 서비스 무역의 자유화 및 기타 사항에 대한 논의도 이루어졌다. 이 과정에서 EC가 공통통상정책의 일환으로서 서비스 무역의 교섭까지 행할 권한이 있는지 여부에 대해 내부에서 논란이 일었다. EU 사법재판소는 서비스 무역의 교섭권한이 전부 EC에 있는 것은 아니라고 판단했기 때문에, EC 국가들과 EC(=유럽위원회) 양측이 서비스 무역의 교섭 당사자가 되었다.

### EC와 세계의 연관성 2 : EC와 일본

EC는 70년대 초반, 공통통화정책의 일환으로서 일본과 포괄적 무역협정을 맺으려 했으나 무역조건에 대해 합의에 이르지 못하였고 협상은 결렬되었다. 그 이후 EC와 일본은 1970-80년대까지 무역마찰을 겪었다.

일본은 고도성장과 더불어 EC에 대한 수출량을 늘려 나갔지만, EC의 대일 수출은 늘지 않아 1968년 이후 1990년대 초반까지 상시적으로 고액의 대일 무역적자를 안게 되었다. 1970년대 EC 국가들이 장기 경제불황으로 신음하던 중 일본 경제는 회복되었고 1970년대 중반부터 전자기기, 자동차 등의 대유럽 수출이 대폭 증가하였다. 유럽위원회의 한 임원은 1979년 내부문서에서 일본인을 '토끼우리에 사는 일 중독자들'이라고 표현하였다. 프랑스는 1982년에 돌연 일본 비디오녹화기의 통관 지역을 내륙인 푸아티에 지방으로 옮겨 일본 제품의 통관을 지연시켰다(이는 8세기 프랑크 왕국이 우마이야 왕조의 이슬람 세력을 격파한 '푸아티에 전투'의 현대판으로 비유되었다). 1980년대 후반 들로르 유럽위원장이 역내시장의 자유화를 추진하자 일본 기업은 EC 역내로 진출하였으나, EC 국가 기업들의 대일 투자는 늘지 않았다. 유럽위원회는 일본시장의 개방을 지속적으로 요구하였다. 또한 일본의 주세법이 양주를 차별한다고 보아 GATT에 제소하였는데, 그 주장이 받아들여져 일본은 주세법을 개정하게 되었다. 또한 유럽위원회는 일본 기업의 EC 수출품에 대해 반덤핑 관세를 부과하였다. 이는 일본 기업이 같은 제품을 국내보다 유럽에서 덤핑으로 저렴하게 판매하고 있기 때문에, 국내 가격과 덤핑 가격의 차액을 과세하여 적정 가격으로 환원시킨다는 측면에서 이루어진 것이다. 세금을 부과당한 일본 기업들은 EC가 사용하는 가격산정식이 부당하다고 EC 재판소에 제소하였으나 패소하였다. 1990년대에 들어와서야 비로소 GATT에 의해 EC의 계산식이 부당하다고 인정되었다. 80년대 일본은 EC뿐만 아니라 미국과도 통상마찰을 겪었다. 그 때문에 일본은 80년대 후반부터 수출주도의 경제정책을 내수확대 위주의 정책으로 전환하게 되었다.

1990년대 전반, 일본의 대EC 수출과 관련하여 가장 큰 문제가 된 것은 자동차였다. EC 역내의 자동차업계는 일본 자동차의 유럽 진출에 위협을 느꼈다. 일본은 반대로 EC 국가 일부가 일본 자동차에 부과하는 수량제한 등 수입제한조치가 역내시장의 완성이라는 EC 목표에 역행하는 것이라고 비판하였다. 유럽위원회는 양자의 이해관계를 절충한 안을 제시하였고, 일본 자동차업계도 이를 받아들여 업계 간 합의에 의해 1991년 7월 일·유럽 자동차합의가 이루어졌다. 이 합의는 1999년 일본차 수입제한조치가 철폐되고 역내시장이 일본차에 대해 완전히 개방되는 것을 조건으로(=일본 측의 이해관계), 1993년부터 99년까지는 일본 업계가 일본차 수출을 자율적으로 규제하고 수출대수를 조절하기로 하는(=EC 측의 이해관계) 내용이었다.

1991년, EC와 일본은 경제 분야에서 대립관계를 협력관계로 전환하였다. 일본 정부와 유럽위원회는 자동차합의와 함께 '일·EC 공동선언'을 발표했다(91년 7월). 이는 일본과 EC 양측이 '자유, 민주주의, 법의 지배 및 인권', 그리고 '시장원리, 자유무역의 촉진 및 건전성을 유지하며 번영하는 세계경제의 발전을 신봉'할 것을 확인하고 '정치, 경제, 과학, 문화 기타 주요 국제문제'를 쌍방이 정기정상회담을 통해 협의할 것을 약속하는 내용이다. 그 후 양자는 협력관계를 맺게 되었다.

### EC와 ACP 국가들

EC 국가들 중 다수는 제2차 세계대전 당시까지 아프리카나 카리브 해 등에 수많은 식민지를 보유하고 있었다. 식민지들은 전쟁 이후 차례로 독립을 이루었다. EC 발족 당시 EC 국가들은 전쟁 전에도 그러하였듯 각 국가 내지 EC 차원에서 신규독립국, 즉 구 식민지국가들을 원조하는 활동을 계속하였다. EC 차원에서 행한 주요 활동으로는 연합협정의 체결이 꼽히며, 야운데 협정(1959년－1974년), 이를 개정한 로메협정(1975년－1999년)도 체결되었다.

로메협정은 아프리카, 카리브 해, 태평양 국가들(ACP 국가들)과 EC 사이에서 체결된 연합협정이다. 46개의 ACP 국가들이 참가하였으며 제4차 개정 당시에는 참여국이 71개로 확대되었다. 협정 내용은 EC가 ACP 국가들의 생산품에 특혜관세를 인정하여 EC 시장에 대한 접근성을 높이고(반대로 ACP 국가들이 EC 생산품에 특혜관세를 인정할 필요는 없다), ACP 국가 생산품의 가격하락 등에 의한 손해를 EC가 보전하며, ACP 국가들의 개발과 투자를 지원하는 것이었다.

### EC와 유럽 근접 국가들의 관련성

[EC/EU의 확대(가입국 증가)]

| | 연도 | 수 | 기존 가맹국과 신규가맹국 |
|---|---|---|---|
| EC시대 | 1958 | 6 | 프랑스, 독일, 이탈리아, 네덜란드, 벨기에, 룩셈부르크 |
| | 1973 | 9 | 영국, 아일랜드, 덴마크 |
| | 1981 | 10 | 그리스 |

| | | | |
|---|---|---|---|
| | 1986 | 12 | 스페인, 포르투갈 |
| EU시대 | 1995 | 15 | 스웨덴, 핀란드, 오스트리아 |
| | 2004 | 25 | 에스토니아, 라트비아, 리투아니아, 폴란드, 체코, 슬로바키아, 헝가리, 슬로베니아, 몰타, 키프로스 |
| | 2007 | 27 | 루마니아, 불가리아 |
| | 2013 | 28 | 크로아티아 |

**가입교섭**

위와 같이 EC 시대의 대외활동은 경제분야 위주로 이루어졌다. 하지만 가입교섭은 경제적 관점뿐만 아니라, 그 국가를 가입시킴으로써 'EC가 세계에서 어떠한 비중과 의미를 가지는가'라는 정치적 관점에서도 이루어졌다.

실제로 EC부터 EU 시대까지 가입교섭 활동은 EU 국가 공통의 가치관이 반영된 원칙, EU 국가 공통의 정치와 법에 관한 개념, EU 역내에서 만들어 낸 규칙, 규격, 기준을 유럽 인근 국가들에게 보급시키고 공유해 가는 활동이었다. 즉 이는 '주위에 비슷한 생각을 가진 이웃들(like-minded neighbours)'을 늘려 나가며 유럽의 항구평화와 경제번영을 달성하는 정치적인 대외활동 내지 외교활동에 해당한다.

EC 시대부터 EU 시대까지의 가입교섭에 관한 내용을 정리하여 서술하자면 다음과 같다.

유럽 국가라면 어디든 EU 가입신청이 가능하며, 신청을 받은 각료이사회는 유럽위원회의 의견을 듣고 유럽의회의 승인을 얻어 가입을 위한 교섭개시 여부를 만장일치로 결정한다(EC 시대에는 유럽의회의 승인은 필요하지 않았다).

EC 시대에도, 현재의 EU의 경우에도 이에 관한 절차는 기본조약에 정해져 있었다. 하지만 실제 가입교섭을 하기 위해서는 EU에 가입신청을 하는 국가가 충족시켜야 하는 암묵적인 전제조건이 있었다. 이러한 전제조건은 1993년에 '코펜하겐 기준'으로 명문화되었다.

전제조건 중 첫 번째는 가입신청국이 기존 EC·EU법과 EC·EU 운영상 축적된 실무관행을 전부 받아들여야 한다는 것이다. EC 시대에는 축적된 실무관행을 프랑스어로 'acquis communautaire(공동체의 기존 성과)'라 하였다. 1973년에 영국 등이 가입한 시점부터 신규가맹국은 위 조건을 의무적으로 수용하도록 되었다. 동유럽 국가가 가입할 무렵에는 위 조건의 양이 점점 방대해져 거의 10만 페이지 상당에 이르렀다.

전제조건 중 두 번째는 가입신청국의 정치체제가 안정된 민주정이며, 인권이 보장되고, 가입국에서 (사람의 지배가 아닌) 법의 지배가 달성되어야 한다는 점이다. 이러한 조건이 있었기 때문에 그리스, 스페인, 포르투갈의 가입은 1980년대에 이르러서야 이뤄지게 된다. 이들 국가에서는 오랜 기간 독재정치가 계속되었으며, 1970년대 중반에야 비로소 민주적인 법치국가가 되었기 때문이다. 그러한 과정을 거친 이후에야 EU 가입신청이 받아들여졌다.

전제조건 중 세 번째는 자본주의의 시장경제체제를 받아들여야 한다는 것이다. 이는 첫 번째 전제조건에 숨겨진 조건이다. 기존 EC·EU법은 자본주의 자유시장경제 질서에 따라 만들어진 것이다. 이러한 조건이 있기 때문에 냉전기 사회주의경제체제를 취하고 있던 동유럽 국가들은 EC에 가입할 엄두조차 내지 못했다. 동유럽 국가들이 가입신청을 할 수 있게 된 것은 냉전 후 민주혁명과 경제체제 전환을 거친 후이다(2004년, 2007년, 2013년의 확대).

1993년에 EU 국가들은 이러한 전제조건들을 '코펜하겐 기준'이라 명명하여 명문화하였다. 따라서 유럽 지역의 국가이며, 민주주의·법치주의 국가이고, 인권을 보호하고, 안정된 체제의 국가로서 시장경제질서를 받아들이고, 기존 EU법·EU 실무관행을 전면적으로 받아들이는 국가만이 전술한 절차를 거쳐 EU에 가입할 수 있다(한편, 현재 EU 기본조약(EU조약 49조, 2조)은 가입조건에 코펜하겐 기준의 일부만 명시하고 있으나, 그 기준을 변경하려는 취지는 아니다). 코펜하겐 기준은 바꿔 말하면 특정 정치원칙이나 경제체제를 취한 국가만을 EU에 받아들이는 것이다. 즉 EU 관점에서 가입교섭은 자신들의 가치와 규범을 공유하는 인접국을 선별, 내지는 만들어 내어 동료를 늘려 나가겠다는 외교전략이다. EU의 이러한 전략은 성공하였고, 서유럽 국가들, 또한 냉전이 해소된 후에는 동유럽 국가들에 자유롭고 민주적인 자본주의 시장경제 가치와 규범을 보급시켜 유럽의 항구적인 평화에 기여하는 결과를 낳았다.

단, 제1장에서 언급한 유럽평의회(Council of Europe) 또한 자유롭고 민주적이며 인권을 보장하는 정치체제를 구축하는 역할을 담당하였다. EU의 확대는 EU만의 성과가 아니라, 이렇듯 다층적으로 이루어진 전후 유럽의 평화구축이라는 큰 흐름 속에서 이루어진 것을 잊어서는 안 된다.

### 가입후보국에 대한 원조

하지만 EU는 유럽평의회와 달리 가입을 희망하는 인접국에 EU의 가치관이나 시장경제 규범을 보급시키기 위한 경제적인 수단도 가지고 있었다. 이는 가치나 규범의 수용을 촉진하는 도구로 작용하였다.

EC·EU는 가입신청국과 '연합협정(association agreement)'을 체결하여 이를 통해 재정이나 인재육성과 관련된 원조 등을 공여하고, 가맹에 필요한 법령정비 등의 준비를 하도록 하여 후보국으로서 인정하고, 그 후 정식으로 가입교섭을 행하여 가입시키는 일련의 순서를 밟았다.

예를 들면 동유럽 국가들이 1990년대 전반부터 후반에 걸쳐 EU에 가입신청을 했을 때 EU는 우선 이들 국가들과 개별적으로 유럽 협정(Europe Agreement)이라 불리는 연합협정을 체결하였고, 서서히 무역자유화를 추진하였으며, 이와 병행하여 가입을 위해 법령을 정비하거나 인재육성 등을 위한 원조를 제공하였다. 연합협정과 연동하여, 동유럽국에 대한 원조방침으로 Phare(프랑스어로 '등대') 계획이 있었다. 이는 1990년대부터 2004년과 2007년 동유럽 국가들의 EU 가입에 이르기까지의 기간 동안 EU가 다액(2000년대에는 연간 총 15억 유로)의 재정자금을 공여하는 것을 그 골자로 하는데, 이 자금은 동유럽 국가들의 법령 정비, 인재육성, 공공공사투자에 사용되었다. EU의 등대는 원조의 빛을 내뿜으며 동유럽 국가들로 하여금 빛을 향해 나가도록 유도했다.

### 칼럼 : 터키의 EU 가입문제

터키는 1964년에 EU와 연합협정을 맺었고, 1987년에는 EU 가맹을 신청했다. EU는 1997년에야 겨우 터키의 가입신청을 수리했지만, 2005년까지 가입교섭을 개시하지 않았고, 이후에도 교섭은 진행되지 않았다. 가입교섭이 이 정도로 늦어진 다른 사례는 없다.

공식적인 지연 이유로 터키의 민주정치가 불안하다는 점, 동부 쿠르드인에 대한 인권침해가 만연한 점 등이 지적된다. 하지만 그렇다 하더라도 가맹후보국이 되지 못할 이유는 없기에, 다른 이유도 있을 것으로 점쳐진다. 예상되는 이유는 다음과 같다.

첫 번째로는 터키의 인구가 많기 때문이다. 이는 EU 국가 간 정치를 크게 변화시킬 수 있고, 종래 EU 국가들에게 불안요소로 작용할 우려가 있다. 터키 인구는 독일보다는 적지만 프랑스보다는 많다. 가입한다면 터키는 EU에서 독일에 이은 두 번째 인구대국이 된다. 이 인구를 바탕으로 각료이사회에 참가하게 되기 때문에 EU 국가 간 정치는 크게 변화하게 된다.

두 번째, 전통적으로 터키에서 독일로 이민 가는 인구가 많기 때문이다. EU 가입이 성사된다면 이민이 증가할 가능성이 크기 때문에 기존 회원국 정부들은 국내 여론이나 국내 정치에 악영향을 끼칠 것을 우려하고 있다.

세 번째로 터키 국민의 압도적 다수가 이슬람교도라는 점이다. 기존 회원국들의 경우 기독교가 국민의 다수를 차지하기 때문에 사회갈등이 심각해질 우려가 있다. 이미 EU 국가의 이슬람교도는 2010년 기준으로 약 1900만 명이나 되며 프랑스 인구의 10%, 독일 인구의 5%, 영국 인구의 4%를 차지하고 있다.[1)]

하지만 첫 번째 이유는 EU 정치의 보수화를 방증할 뿐이며, 정치적 선택에 있어 한 요소에 지나지 않는다. 두 번째와 세 번째 이유의 경우 EU는 종교, 인종차별을 금지하며 사람의 자유로운 이동을 기본원칙으로 하기 때문에 EU 측이 가입교섭을 지연시킬 정당한 이유가 되지 않는다. 물론 각국 정치가가 국내 여론에 따라 움직이는 것은 당연한 일일지도 모른다. 하지만 정치적인 편의가 원리·원칙을 바꾸는 것은 옳지 않다. 터키의 EU 가입교섭은 EU 각국이 EU 체제하에서 자신들이 규정한 원리·원칙에 충실할 수 있는지, 또한 이미 심각해진 종교·인종문제와 관련하여 다양성을 옹호하는 관용적인 자세를 견지할 수 있는지 여부에 대한 가늠자가 되어 있다.

### 칼럼 : EU 탈퇴(이탈) 문제

가맹국이 EU에서 탈퇴할 수 있는지를 둘러싸고 EC 시대부터 학설의 대립이 있었으나, 국가가 통째로 탈퇴한 전례는 없었다(덴마크령 그린랜드가 1982년에 자치권에 기하여 EC 이탈을 결정하고, 덴마크가 EC법의 대상 지역에서 그린랜드를 제외하는 교섭을 한 예는 있다). 2004년에 (결국 발효되지 않고 실패한) 유럽헌법조약이 체결되었을 때 처음으로 가맹국에게 EU에서 일방적으로 탈퇴할 수 있는 권리를 인정하는 규정이 만들어졌다. 그것이 2009년에 발효된 리스본 조약에 거의 그대로 수계되어, 현행 EU조약 50조가 되었다.

동조에 의하면, EU의 가맹국은 자국 헌법의 요건에 따라 일방적으로 탈퇴를 결정할 수 있고, 탈퇴의사를 유럽이사회에 통지하도록 되어 있다(동조 1, 2항). 여기까지는 탈퇴국이 독자적으로 시기를 조정해 행한다. 일단 통지가 이루어지면, 그 이후는 EU법의 지배하에 진행된다. EU조약 50조는 통지 시부터 원칙적으로 2년의 탈퇴협정 교섭기간을 예정한다(유럽이사회의 만장일치로 연장할 수 있음). 단, 탈퇴협정 없이 탈퇴하는 것도 가능하다. 탈퇴협정 없이 탈퇴하는 경우에는 통지 시부터 2년이 경과한 때 EU 기본조약의 적용이 종료되고, 공식적으로 탈퇴한 것으로 본다. 탈퇴협정이 있는 경우 발효 시에 공식적으로 탈퇴한 것으로 본다(동조 3항).

탈퇴한 국가는 EU 구성국으로서의 지위를 잃고 역외의 제3국이 된다. 따라서 탈퇴협정에서는 탈퇴 후 탈퇴국의 국민이나 탈퇴국 내에 있는 EU 시민, 법인에 존속하는 EU법상의 권리나 의무 등에 대하여 정해 놓을 필요가 있다. 그러한 권리를 소멸시키는 경우 경과규정을 두어야 할 것이다. 또한 탈퇴국은 EU와의 관계에 대한 새로운 협정(통상, 정치협력 등 협정)을 맺을 필요가 있다. 또 EU가 그때까지 체결한 역외 제3국과의 통상협정은 그대로 탈퇴국에게 적용될 수 없기 때문에, 탈퇴국은 EU 및 상대방 제3국과 새로운 협정을 체결할 필요가 생긴다. 한편, 탈퇴국 내에서 그때까지 국내법으로 전환되었던 EU법(EU 지침)은 이미 국내법으로 되어 있으므로 그대로 그 효력이 존속한다. 하지만 국내법으로 전환될 필요 없이 그대로 국내에 적용되고 있던 EU 규칙 등은, 그 내용에 따라 새로이 국내의 입법을 통해 같은 내용을 정하거나, 역으로 적용종료를 결정할 필요가 있다.

탈퇴를 결정한 국가가 통지로부터 2년 이내에 변심하여 탈퇴통지를 철회할 수 있는지 여부에 대해서는 학설의 대립이 있으나, 철회는 가능할 것으로 보인다. 왜냐하면 EU 조약 제50조 5항은 일단 공식적으로 탈퇴한 국가가 재가맹하고 싶을 때에는 가맹절차(EU 조약 제49조)에 따라 신청 가능하다고 정하고 있기 때문이다. 또, 이 규정이 통지 시로부터 2년 내에 변심하여 탈퇴를 철회하고 싶은 나라에게, 철회를 일절 인정하지 않고 우선 탈퇴시킨 후 다시 가맹신청하도록 하는, 가혹하거나 불합리한 조건을 강요하는 취지는 아니라고 해석된다. 철회를 인정하고 법적인 연속성과 안정성을 보장하는 쪽이, 무조건 탈퇴시키고 재가맹절차를 밟도록 하여 수년간의 법적 불안정을 굳이 일으키는 결과를 초래하는 해석보다 훨씬 합리적이며, 이는 또한 유럽 통합의 목적(보다 긴밀한 연합, 연대)에도 적합한 것이다.

### EEA

스웨덴, 핀란드, 오스트리아 3개국이 1995년에서야 EU에 가입한 것은 코펜하겐 기준에 저촉되어서라기보다는, 위 3개국의 정치적 결단에 의한 것이었다.

1960년으로 거슬러 올라가면, 서유럽 지역에서는 독일, 프랑스가 주도한 EC 설립에 대항하여 영국 주도의 EFTA(유럽 자유무역연합)가 설립되었고 스웨덴, 노르웨이, 덴마크, 핀란드, 포르투갈, 스위스, 오스트리아가 가입했다(이후 아이슬랜드, 리히텐슈타인도 가입했다).

하지만 그 후 EFTA는 그 기세를 잃고 만다. 1973년에 영국과 덴마크가 EFTA에서 탈퇴하였으며, EC에 가입했다. 그리고 1980년대 후반 EC 역내시장의 통합이 진행되기 시작하자 스웨덴, 핀란드, 오스트리아 3개국도 EC 가입을 희망하게 되었다.

하지만 당시 들로르 유럽위원회 위원장은 역내시장의 통합을 우선으로 여겼으며 가입을 원하는 3개국에 대해서는 1989년에 EEA(European Economic Area, 유럽경제영역) 구상을 제시했다. 이에 따르면, EFTA 국가들은 EC에 가맹되지 않더라도 EC법상 자유이동의 권리 등을 향유할 수 있는 지위가 인정되나, EC 입법이나 정책형성에는 참가할 수 없다. 즉 가입하지 않고도 EC법상의 권리를 행사하되 EC의 규칙을 만들지는 못하는 지위로 제한한 것이다. 3개국은 위 구상을 받아들이기보다는, 입법권을 행사할 수 있도록 EC에 정식 가입하는 편이 정치적으로 유리하다고 판단하였고, 1995년에 EC에 가입했다.

EFTA 국가들 중 EEA 협정을 체결한 국가로는 아이슬랜드, 노르웨이, 리히텐슈타인이 있다. 스위스는 EEA를 거부하고 EC와 독자적인 양자 간 협정을 체결했다.

**경제수단에 의한 정치목적의 달성 1 : 가입교섭, EEA**

가입교섭과 EEA는 EU의 외교활동에 해당한다. 인접 국가에게 광대한 역내 경제시장의 매력을 보여 주고 가입 의욕을 북돋은 후, 의욕을 보인 국가에게 원조를 제공하며 EU의 가치와 규칙을 수용할 것을 조건으로 가입교섭을 하고, 가입시킨다. 인접국에 가입국 내지는 가입에 준하는 EEA와 같은 지위를 부여하고, '비슷한 생각을 가진 이웃들'을 늘려가며 유럽의 항구평화와 번영이라는 가치를 확대해 나간다. 이는 경제적 수단으로 정치적 목적(평화)을 달성하는 외교의 예로 볼 수 있다.

**경제수단에 의한 정치목적의 달성 2 : 경제제재조치**

EC 국가들이 경제적 수단을 정치적 목적의 달성을 위해 사용하는 다른 예로 경제제재조치가 있다.

1970년대 중반까지 EC 국가들은 역외국에 대하는 제재는 각국의 외교주권에 속하는 것이라 생각하였고, 이것은 경제제재에 대해서도 마찬가지였다. 따라서 이는 EC가 다룰 사안이 아니라고 보았다.

하지만 1980년대부터 EC 국가들은 EC 정상회담 내지 외무이사회 개최 시 물리적으로 다른 공간을 사용하는 등의 방법으로 절차를 구분하여 정부 간 외교·안전보장문제를 협의하게 되었다. 점차 방을 바꾸는 것도 번거로워지자(통역, 수행원 이동 등 번거로운 문제가 많자) EC의 이사회를 한 바로 그 방에서 비EC 정부 간(각국 정상 내지 외교부 장관의) 회합을 가지게 되었다. 향후 이는 EPC(European Political Cooperation, 유럽정치협력)로 불리게 된다. 그러다 보니 자연히 EC와 비EC의 의제를 번갈아 논의하게 되었다. 1986년에는 이러한 실무례를 유럽단일의정서에서 공식화하여 'EPC'로 명명하고, EPC와 EC는 제도적으로 구별되기는 하나 양자 모두

'유럽이사회(정상회담)'에서 다루기로 정하였다. EC와 EPC의 병존은 향후 EC의 탈경제화와 함께 1990년대 EU 설립의 밑바탕이 된다.

EPC가 성립되어 가던 1980년대 후반, EC 국가 정부는 비EC 국가들의 정부 간 협의에서 합의된 국가 공동의 외교적 조치(예를 들면 역외국에 대한 공동비난결의나 공동제재) 중 경제적인 부분에 대해 EC가 가진 공통통상정책의 권한을 활용하기 시작했다. EC의 공통통상정책 조치의 일환으로 특정 역외국에 대한 수출 및 역외국으로부터의 수입 금지 조치를 취하는 것이 이에 해당한다. 첫 사례는 1982년에 2차례 행해진 수출입금지 조치(대소련, 대아르헨티나)이다.[2] 소련에 대한 제재는 소련이 폴란드 내정에 압력을 행사한 것에 대한 항의로, 아르헨티나에 대한 제재는 아르헨티나가 영국령 포클랜드 제도에 침공한 것에 대한 항의로 이뤄진 것이다.

## 2. EU 시대

1993년 11월에 EU가 발족되자, EU 국가들은 EU를 통해 경제 분야뿐만 아니라 외교, 안전보장 등의 정치적 문제에도 공동으로 개입하게 되었다. 경제 분야의 대외활동의 경우 내용의 변화가 발생했다. EU는 연합협정 등을 통해 경제적으로 긴밀한 관계를 가지고 있던 국가들에 대해서도 인권이나 법치주의 등 EU의 가치, 법, 정치 관련 원칙을 공유하도록 요구하고, 이를 개발원조의 조건으로 삼게 되었다. 경제와 정치에 관한 대외활동이 교차하고 융합되기 시작한 것이다.

한편 외교·안전보장 분야와 경찰·형사사법협력 분야에서는 1990년대 말에 이르러 두드러진 성과가 나타나기 시작했다. EU는 1990년대 내내 공동외교·안전보장정책과 사법·내무협력(뒤에 언급할 경찰), 형사사법협력 제도하에서 (대부분의 의사결정을 각료이사회의 만장일치로 하고 있었기 때문에) 적극적인 정책형성에 어려움을 겪었고, 여러 번에 걸친 조약개정을 반복하여 제도개선에 몰두하였다. 이러한 개정 노력은 2009년의 리스본 조약에까지 이어졌다.

또한 활동성과를 내기 위해서는 제도의 개선뿐만 아니라 EU 국가 간의 정치 문제를 해결해야 하는 분야도 있었다. 특히 유럽 방위 분야가 그랬는데, 1950년대부터 유럽 방위를 어떻게 해야 할지를 놓고 영국과 프랑스가 대립해 왔기 때문이다. 프랑스는 1950년대 유럽방위공동체를 구상한 이래, 미국에 좌우되지 않는 유럽의 독자적인 군사력을 중심으로 방위체제의 틀을 짤 것을 주장했다. 영국은 일관되게 이러한 입장에 반대하였고, 미국이 주도하는 NATO를 지지하는 입장을 취해 왔다.

하지만 동서냉전이 끝나고 유고슬라비아가 해체된 후 발생한 보스니아 분쟁 등에 대해 NATO는 즉시 대응하지 않았다. 오히려 NATO는 유럽 지역의 문제는 유럽 국가들의 군사력으로 해결할 것을 기대하는 듯한 태도를 취했다. 이에 영국, 프랑스 양국은 NATO를 보완하는 범위 내에서 EU라는 이름 아래 EU 국가들의 군사력을 집결하여 EU의 군사력으로서 행사하는 방안에 합의했다. 이것이 1998년 2월 상말로(St. Malo)에서 이루어진 영불공동선언이다.

그 이후 2000년대에 EU 방위정책이 구체화되어 구호, 평화유지, 위기관리, 평화창출임무(소위 페터스부르크 임무)를 위해 EU 각 국가의 군대와 함께 EU 긴급전개군을 편성하게 되었다. 이러한 임무는 WEU(서유럽동맹)가 담당하고 있었으나, 2010년대에 들어 EU가 이를 계승하고 WEU는 해산했다(제1장 참조).

현재 EU 기본조약(리스본 조약)은 2000년대 이후 EU의 대외활동 전반에 대한 정신과 원칙을 다음과 같이 표현하고 있다.

**칼럼 : EU 조약 제21조 제1항**

EU가 국제무대에서 행하는 활동은 EU의 … 여러 원칙에 의하며 이를 보다 넓은 세계에서 추진할 수 있도록 한다. 그 원칙들이라 함은 민주주의, 법치주의, 인권 및 기본적 자유의 보편성 및 불가양성, 인간 존엄의 존중, 평등 및 연대에 관한 원칙들, 국제연합헌장의 원칙 및 국제법의 존중이다.
EU는 위에 언급한 원칙들을 공유하는 제3국 및 국제기구, 지역기구 및 세계기구와의 관계를 발전시키고 협력한다. EU는 특히 UN 제도하 공동과제에 대한 다국 간의 해결을 추진한다.

이에 대응하여 EU는 경제부터 정치까지 여러 분야에 걸쳐 대외활동에 관한 권한을 가지고 있다. 물론 외교, 안전보장, 방위에 관한 활동에 대해서는 기본조약의 규정상 아직 EU 국가들의 만장일치를 요구하는 사항이 많다. 때문에 그 분야에서 실제로 EU로서의 대외활동이 이루어지는 예가 많지 않으며, EU 국가들이 각각 외교활동을 하거나 일부 EU 국가들이 그룹을 만들어 안전보장활동을 하는 경우가 훨씬 많다.

**경제제재조치 — 경제수단에 의한 정치목적의 달성**

EU는 이처럼 경제 영역부터 정치에 이르기까지 종합적인 정책을 형성하고 실시할 수 있는 체제를 갖추게 되었다. 경제적 수단으로 정치적인 목적을 달성한 실무례 중 경제제재에 관련된 사항들은 1990년대에 EU 기본조약에 명문화되었다. 2000년대에 들어 역외국에 대한 경제제재뿐만 아니라 국가와 무관한 개인(테러리스트 등)에 대해서도 EU가 정치적 목적(치안 유지)으로 경제제재(특정인에 대한 EU 역내 진입금지 및 자산동결 등)를 하게 되었다. 이는 새로운 인권문제를 발생시켰다.

### 개인제재와 인권보호

2000년대 이후, EU는 개인과 단체를 상대로도 경제제재를 하게 되었다. 이에 제재대상이 된 사람들과 단체들은 EU 재판소에 EU법이 보장하는 인권이 침해되었다고 소송을 제기했다.

### EU의 인권보장

2000년에 EU 국가들과 EU 기관은 'EU 기본권헌장'을 채택하여 EU가 보호하는 인권을 구체적으로 나열하였다. 여기에는 인간 존엄, 생명권부터 공정한 재판을 받을 권리, 표현의 자유, 교육을 받을 권리, 재산에 관한 권리 등 EU 각국의 헌법이나 유럽인권협약이 보장하는 인권이 전부 포함되어 있으며, 이러한 권리는 개개인이 재판과정에서 주장할 수 있다. 이에 더하여 EU 기본권헌장은 EU나 국가가 정책을 만들 때 개인이 '환경보호', '소비자보호' 등의 사회적 이익을 반드시 고려해야 한다고 주장할 수 있도록 하였다(단, 개개인의 개별 권리로 주장할 수 있는 것은 아니다).

EU 사법재판소는 이러한 명문의 헌장이 없더라도 1970년대부터 불문의 'EU법 일반원칙'에 기해 인권이 보장될 수 있다는 입장을 취하였다. '법의 일반원칙'이란 사회에서 공유되는 당연한 규범으로, 명문으로 규정할 필요가 없는 조리를 지칭한다. EU 사법재판소는 인권보장을 EU 각국 공통의 조리에 해당하는 사항으로 다루고 있는 것이다. 하지만 권리를 주장하는 입장에서는 개별적이고 구체적인 권리가 명문으로 규정되는 쪽이 더 유리하다. 더구나 EU가 경찰·안전보장 분야까지 다룬다면 그만큼 개인의 인권을 침해할 가능성이 커진다. 따라서 2000년에 이 헌장이 정치적 선언으로서 채택되었고, 그 후 2009년에 발효된 리스본 조약에 따라 위 헌장이 정식으로 법적 권리를 발생시키게 되었다.

**제재에 따른 인권침해**

EU로부터 자산동결 등의 경제제재를 받은 사람들은 EU법의 일반원칙 내지는 EU 기본권헌장이 보장하는 인권을 침해당했다고 주장했다. 다음 사건이 대표적인 예이다.

**[카디 사건[3)]]**

2001년 UN 안전보장이사회는 테러리스트인 빈 라덴과 테러조직 알카에다를 지원하는 사람으로 스웨덴에 거주하는 EU 시민 카디(Kadi, 이하 K) 씨를 특정하여, UN 가맹국에 그의 자산 동결을 요청하는 결의를 채택했다(안보리 의결). EU 국가들은 안보리 결의 이행을 위해 2002년 각료이사회에서 EU 규칙을 채택하여 K의 자산을 동결했다. K는 EU 일반재판소(당시에는 EU 제1심재판소로 불렸다)에 각료이사회를 상대로 다음과 같이 주장하며 소를 제기했다: "자신을 제재하는 EU 규칙은 사실오인에 기한 것으로, 자신에게 변명할 기회조차 부여하지 않고 일방적이고 기습적으로 제재가 이루어졌다. 재판에 의한 이유의 설명이나 이에 대한 자신의 변명의 기회를 부여하지 않는다면, 제재당한 정확한 이유조차 알 수 없으며, 제재가 부당하다는 재판도 제기할 수 없다. 이러한 일방적인 제재는 공정한 재판을 받을 권리를 침해하는 것이다. 더구나 자산동결로 인해 자신의 재산권도 침해되었으며, 결국 EU 규정은 위법하다".

EU 일반재판소는 K를 다소 복잡한 이유로 패소시켰다(흥미가 있는 사람은 미주 참조).[4)] 상소법원인 EU 사법재판소는 K의 주장을 인정했다. 사법재판소는 다음과 같이 판시했다: "EU 규칙은 안보리결의를 실시하기 위한 것이라도 EU의 법규이기 때문에 안보리결의와 동일시할 수 있는 것은 아니고, 별도로 판단해야 한다. 즉 EU 규칙이 EU법상의 인권을 침해하는지 여부를 직접적으로 판단해야 한다. 이에 따르면 위 EU 규칙에는 K의 말대로 제재 이유가 나타나 있지 않으며, K에게 변명의 기회조차 주지 않는 것은 공정한 재판을 받을 권리를 침해한다. 변명의 기회조차 없이 재산을 동결한 것은 재산권을 침해한 것이고, 따라서 EU 규칙은 위법하다”.
결국 각료이사회는 K에게 제재 이유를 설명했고, K는 변명의 기회를 부여받았다. 물론 이러한 절차를 거쳤지만 K는 여전히 재산동결의 제재를 받았으며, 제재가 풀린 것은 2012년이었다.

개인에 대한 경제제재는 이처럼 인권침해를 일으킬 소지가 크다. 하지만 테러 대책과 같이 공공의 안전이 훨씬 중요시되는 사례에서는 제재대상이 된 사람의 인권은 상당히 제약될 수밖에 없다. 하지만 EU 사법재판소가 안보리결의에 따른 EU의 제재조치에 대해서도 인권보호를 위해 엄격한 심사를 한 점은 높게 평가할 만하다.

### 현재의 경제제재절차

이러한 경위에서, 현재 EU 기본조약(리스본 조약)은 EU가 역외국이나 개인에 대해 경제제재조치를 취하기 위한 절차를 다음과 같이 정하고 있다(EU 운영조약 제215조, EU 조약 제21, 제22, 제26, 제28, 제31조).

① 유럽이사회는 공통외교·안전보장정책의 목적과 지침을 만장일치로 결정한다(이를 위해 각료이사회가 만장일치로 역외 특정 국가, 특정 사실에 대해 유럽위원회에 권고하는 경우도 있다).

② 유럽이사회 지침으로 제재가 결정된 경우, 상급대표와 유럽위원회가 공동으로 구체적인 제재 조치안을 제안한다.

③ 공동제안에 근거하여, 각료이사회가 특정다수결로 구체적인 제재 조치를 정한다. 인권보호 등 필요한 법적 보호를 고려한다.

④ 결정내용은 유럽의회에 전한다.

## EU와 세계의 관계

2006년, EU는 냉전 후의 세계에서 급부상한 중국, 러시아, 성장이 예상되는 인도 등의 신흥세력들이 세계정치나 국제질서를 변화시키는 것을 보고 유럽 경제성장을 위한 세계전략으로 '글로벌 유럽인, 세계에서 경쟁하다(Global Europe : Competing in the world)'라는 유럽위원회 문서를 공표했다. 이 문서는 역내시장을 완성시키는 것을 전제로 해외시장 추가 개방의 중요성을 역설했다. 구체적으로 해외 시장에서의 비관세장벽 제거, 에너지 자원의 확보, 지적재산권과 서비스산업, 투자 등의 분야에서 경제성장의 촉진을 열거하였다. 이를 위한 수단으로서 WTO에서 다각적인 자유화를 위한 교섭을 진행해야 함을 주장했다. 또한 이러한 교섭이 난항을 겪는 경우 아시아, 남미 등 향후 시장 확대 및 경제성장이 기대되는 국가들과 우선순위를 매겨 전략적으로 광범위한 경제활동 영역을 대상으로 하는 포괄적 경제연대협정을 체결해야 한다고 주장하였다. 이후 EU의 경제활동은 이러한 방향성을 반영하여 이루어졌다.

## EU와 WTO

WTO에서는 2001년부터 새로운 교섭(도하 라운드)이 시작되었는데, 선진국과 개발도상국 간 이해관계의 차이가 커서 협상이 결렬된 채 오늘날에 이르렀다. 따라서 EU와 WTO와의 관계는 이미 존재하는 WTO 규범에 관한 분쟁에 한하여 서술한다.

1995년에 WTO가 발족한 후 EU는 WTO 무역규범에 위반하는 세계 국가들을 WTO 분쟁해결기관에 제소하고, 다른 한편으로는 제소당하기도 하였다.

특히 주목할 만한 것은 미국 등 선진국과의 무역분쟁이다. EU는 선진국들과 대부분 양호한 경제·정치적 관계에 있지만 때로 심각한 무역분쟁을 겪었다. 미국과 캐나다는 그중에서도 인체건강·환경을 예방원칙에 따라 보호하는 EU의 무역제한조치와 동물복지(Animal Welfare) 보호를 목적으로 한 무역제한조치가 WTO 규범 위반이라고 주장하였다. WTO 규범에 규정되지 않은 '비교역적 고려(non-trade concerns)'가 무역제한의 정당화사유가 되는지 논쟁이 일게 된 것이다. 대표적인 예를 살펴보자.

**[성장호르몬 소고기 사건[5)]]**

미국에서는 육우의 성장을 촉진하는 호르몬 투여가 허용되고 있었다. 과학적으로 유해하다고 입증되지 않는 한 자유롭게 사용해도 좋다는 것이 미국의 입장이었다. 한편 EU는 과학적으로 무해하다고 입증되지 않는 한, 유해성 리스크를 정치적 판단으로 회피하는 것은 부당하다는 '예방원칙'의 입장을 취했다. 이에 이미 EC 시대부터 육우에 성장호르몬을 투여하는 것을 금지하고, 호르몬 투여 육우를 식용으로 쓰는 것 또한 금지하였다.
EU 시대로 접어들자, 세계적으로는 WTO가 발족했다. 미국은 EU의 금지조치를 WTO 규범 위반이라고 주장하며 WTO 분쟁해결기관에 제소했다. EU는 예방원칙을 주장하며 성장호르몬 투여 소고기 수입조치가 정당하다고 반론했다.
WTO 분쟁해결기관 패널(제1심에 해당)은 미국의 손을 들어주었다(1997년). EU는 상소기관에 상소했으나 여기서도 미국의 주장이 인정되었다. 상소기관에서는 EU의 예방원칙에도 일리가 있다고 판단했으나, EU의 과학적 입증이 너무나 불충분하다는 이유로 미국을 승소시켰다(1998년).
양자의 분쟁은 이후에도 계속되었다. 미국은 WTO 규범에 근거하여 분쟁해결기관의 판단에 따르지 않는 상대방에 대해 제재조치를 취했다(1999년). EU는 다시금 입수가능한 과학적 증거에 근거하여 위험성 평가를 하고, 다시 성장호르몬 소고기의 수입을 금지하는 규칙을 제정했다(2003년). 그리고 이번에는 선제적으로, 입수가능한 과학적 증거에 근거하여 적절하게 이루어진 위험성 평가를 토대로 한 수입금지조치는 WTO 규범에 반하지 않는 것이며, 그

럼에도 불구하고 계속 제재조치를 가하고 있는 미국 측이 오히려 위법하다고 WTO에 제소했다(2005년). WTO 분쟁해결기관은 위 상소기관 입장을 반복하여, 현재 규범의 범위에서는 EU의 주장을 전면적으로 인정할 수 없다고 하며, 미국과 EU 양측에 분쟁해결절차의 속행을 권고하는 선에서 사건을 종결지었다. 이 사건은 오늘날까지 WTO에서 확실히 해결되었다고 보기 어렵다.

**[바다표범 사건 – WTO[6)]]**

1970년대부터 EU 국가들에서는 척추동물 등 감각이 있는 동물에게 고통을 가하지 않아야 한다는 주장(동물 복지 보호론)이 점차 유력해졌다. EU에서도 1990년대 이후 이러한 생각에 기초한 입법이 채택되었다. 2009년의 바다표범 수입판매금지규칙(Regulation 1007/2009, [2009] OJ L 286/36)도 이러한 생각의 일환이다. 북극권에서 여전히 상업목적으로 엽총이나 곤봉을 사용해 바다표범을 대량학살하여 가죽을 벗기고 상품화하는 일이 많다는 점이 문제되었다(단, 원주인 이누이트가 전통적인 방법으로 바다표범을 사냥하고, 생계를 위해 이를 판매한 것은 금지의 예외가 되었다).
캐나다 등은 이 EU 규칙이 무역규범에 위반된다는 이유로 WTO에 제소했다(2010년). WTO 패널은 EU 규칙이 '공중도덕을 보호하기 위한 조치'로 정당하다고 판단했으며(2013년), 상급위원회도 같은 이유로 EU 규칙을 정당하다고 보았다(2014년).

**[바다표범 사건 – EU[7)]]**

같은 2009년, 캐나다의 이누이트 단체 등이 EU 규칙은 EU법상 위법한 입법이라고 제소하였다. EU 일반재판소는 다음과 같이 판시하였다: "이 규칙은 EU 국가들 중 바다표범제품수입금지법을 만든 국가가 있으며, 역내시장에서의 규제를 통일하기 위한 필요성이 현실적으로 인정되어 행해진 입법이기 때문에 역내시장 입법으로서 근거가 있다. 각국이 제각각 규제하는 것보다 EU에서 일괄적으로 규제하는 것이 적합하며, 또한 필요최소한의 규제에 그치고 있다(바다표범 수렵이 이누이트의 자립활동수단이 된 경우까지 금지하고 있지 않다)는 점에서 부적절한 입법이 아니다. 더구나 이누이트의 전통적인 수렵은 금지하고 있지 않기 때문에 그들의 인권 내지 재산권을 침해하는 것도 아니다. 따라서 EU 규칙은 적법하다".

세계 유수의 무역대국과 EU가 WTO 규범을 둘러싸고 다투는 것은, 그 국가들과 EU의 정치·경제적 무게에 비추어 국제규범 전반의 모습과 해석에도 큰 영향을 미친다. WTO 무역규범을 EU의 '비교역적 고려'와 조화시켜 해석할 수 있는지 여부에 대해 각국 정부와 전문가 사이에 여러 논의가 이루어지고 있으나 쉽게 결정될 수 있는 사안은 아니다. EU는 새로운 문제제기(바다표범 사건으로 말하면 EU 규칙의 입법)를 통해 세계의 규범(국제법) 형성에 영향을 미치고 있다. 따라서 세계 여러 사람들이 EU 입법이 적절한지 여부에 대해 소송을 제기하고 다툼을 벌이기도 한다('바다표범 사건－EU' 참조).

### EU와 일본

EU와 일본은 1991년 일·EC 공동선언을 바탕으로 정기적인 정상회담을 가지게 되었다. 이로써 EC 시대의 양자 간 경제마찰은 사라지게 되었다. 정기 정상회담은 경제, 정치 기타 공통 관심사항을 포괄하여 이루어졌다.

2001년에는 '일·EU 협력을 위한 행동계획'이 수립되어 '평화와 안전의 촉진(핵 확산 금지, 테러대책 등)', '경제·무역관계의 강화(일·EU 쌍방의 규제개혁 촉진 등)', '전 지구적인 문제 및 사회적 과제에 대한 도전(환경보호

협력, 대테러대책 등)', '인적, 문화적 교류의 촉진(교육교류, 시민교류 등)' 등 4가지 목표를 달성하기 위한 구체적 조치가 정해졌다. 그 이후에는 이 계획에 따른 성과가 나타나기 시작했다.

예를 들면, 경제 분야에서는 상품규격이나 안전성기준의 상호승인 대상을 늘리는 협정, 경쟁법(독점금지법) 집행에 관한 일본과 EU 당국 간의 협력, 일본 시장에 대한 EU 국가기업의 진출이 어려운 점에 착안하여 일본의 규제개혁을 위한 정기 대담 등이 추진되었다.

또한 정치 분야에서는 2004년에 '군축·핵확산방지에 관한 일·EU 공동선언'이 이루어졌다. 2009년에는 EU가 안전보장정책조치의 일환으로 소말리아만 해적 문제 해결을 위해 EU 국가들의 해군을 EU 호위대로 편성하여 파견했으며, 일본도 자위대의 호위함, 초계기를 파견하여 이를 도왔다. 2010년에 형사수사·기소에 대해 일본과 EU가 상호 협력하기로 약속하는 일·EU 형사공조협정이 발효되었다(단, 범죄인 인도는 포함하지 않는다). 또한 2011년 동일본대지진을 계기로 일본 국토교통성과 유럽위원회 방재총국이 일본·EU 간 재난방지에 대하여 상호협력할 것을 약속하는 문서를 교환하였다(2013년).

한편 이 시기에 EU는 2006년 세계경제전략(글로벌 유럽, 세계에서 경쟁하다)에 기초하여 한국과 경제연대협정 및 정치협정을 위한 교섭에 들어갔고, 이는 2011년에 체결되었다. 이로써 한국 자동차 등 한국 제품에 대한 EU 수입관세가 철폐되었다. 일본 업계는 EU 시장에서 여전히 일본 제품에 관세가 부과되기 때문에 한국과의 경쟁에서 불리해진다고 주장하여, 일본 정부에 EU와 경제연대협정을 맺을 것을 강하게 요구했다. 일본 정부의 요청에 의해 EU는 2013년 일본과의 경제연대협정 교섭을 개시했다. EU는 일본에 정치협력협정도 요구하여, 전략적 파트너십 협정 교섭도 병행하여 이루어졌다.

EU가 한국 및 일본과 경제연대협정을 교섭할 때 정치협력협정도 함께 교섭하고 있는 점은 2000년대의 주요한 특징 중 하나이다. 2011년 한국과의 협정에서는 정치와 관련해 EU의 가치인 '민주주의, 인권보호, 법치주의'를 한국도 공유하고, 이를 일방 당사자가 중대하게 침해한 경우 상대방은 경제연대협정에서 정한 자유무역을 정지하는 제재조치도 취할 수 있다는 조항을 삽입하였다. 이는 EU가 기본조약에서 규정하듯 국제무대에 EU의 원칙인 '민주주의, 법치주의, 인권 및 기본적 자유의 보편성 및 불가침성'을 보급하는 조치의 일환으로 이루어진 것이다. 바꿔 말하면 EU는 대외활동에 있어 경제와 정치 양면을 연결하여 경제수단(경제연대협정)을 통해 정치적 목적(EU 가치의 보급, EU기준·규칙 적용범위의 세계적 확대)을 달성하고자 하는 것이다.

### EU와 ACP 국가

1995년 WTO 발족 후, 미국은 로메협정이 EU가 ACP(아프리카, 카리브해, 태평양) 국가들만을 특별 대우하는 협정이므로 전 구성국을 평등하게 대우해야 하는 WTO 자유무역협정에 반한다고 하여 WTO 분쟁해결기관에 제소하였고, 승소하였다. 이에 EU는 ACP 국가들과의 연합협정을 근본적으로 재검토해야 하는 입장에 놓였고, 2000년에 코토누 협정이 체결되었다(2003년 발효).

코토누 협정은 EU와 ACP 국가들의 관계를 크게 변화시켰다. 우선 WTO 규범에 부합하도록 EU의 ACP 국가들에 대한 특별우대조치를 중단했다. 개발원조도 일단 계속해 나가기는 하나, ACP 국가들이 민주주의와 인권을 존중하고 부정행위 없는 건전한 통치를 행할 것을 전제로 원조를 하기로 했다(이것도 경제수단을 통해 EU의 가치를 세계에 보급시키려는 사례 중 하나이다). EU는 코토누 협정에 규정된 바에 따라 ACP 국가들을 그룹별로 나누어 경제연대협정을 체결하는 한편, 개별 국가와의 양국 간 연대협정에 관해서도 교섭을 진행하고 있다.

### EU와 주변국의 관계 1 : EU 가입교섭

EU는 2013년에 크로아티아 가입에 따라 현재 28개국으로 이루어져 있다. 그 후 5개의 가맹후보국이 추가되었다. 2005년부터 터키, 2010년부터 아이슬랜드, 2012년부터 몬테네그로와 교섭을 벌이고 있다. 마케도니아와 세르비아와는 아직 교섭이 시작되지 않았다.

### EU와 주변국의 관계 2 : 주변국 정책

EU는 2004년 주변국가정책(European Neighbourhood Policy, ENP)에서 주변부에 있는 인접 국가들과의 관계를 규율하고 있다. EU 국경 바로 주변의 국가들이 EU와 적대하거나, 매우 다른 가치관을 가지고 있는 국가라면 EU가 추구하는 유럽의 항구평화도, 안정도, 번영도 어려워질 가능성이 크다. 따라서 위 정책은 민주주의, 법치주의, 인권존중의 가치를 공유하는 인접국 확보에 주안점을 두고 있다.

대상국은 총 16개국이다. 동쪽 국가들은 동방 파트너십(2009년 개시)의 대상으로 벨라루스, 우크라이나, 몰도바, 조지아, 아르메니아, 아제르바이잔이 있다. 이는 독일, 폴란드 등이 주창한 정책이다. 한편 프랑스나 스페인이 주창한 남쪽 국가들에 대한 유럽·지중해 파트너십(1995년에 바르셀로나 프로세스로 시작되어, 2008년 현행 법령에 계승됨)은 모로코, 알제리, 튀니지, 리비아, 이집트, 팔레스타인, 이스라엘, 요르단, 레바논, 시리아를 대상으로 하고 있다(다만, 정치적 정세를 이유로 벨라루스, 시리아, 알제리, 리비아에 대한 ENP 활동은 거의 이루어지지 않고 있다).

이러한 인접정책이 EU 가맹후보국 이외의 주변 나라들도 EU에 가입할 수 있도록 보장하는 것은 아니다. 하지만 대상 국가들이 민주주의와 시장경제체제를 받아들일 수 있도록 개별국가에게 각종 원조를 제공하고, EU 경제시장과 인접 국가들의 경제시장 간 긴밀한 관계를 유지하는 한편, 인접국에서 EU 역내로 노동자나 학생의 이동을 일정 수준 가능하게 하도록 하고 있다. EU는 2007년부터 2013년에 걸쳐 대상 국가들에게 총액 120억 유로를 원조하고, 또한 2012년에는 대상 국가에서 합계 320만 명에게 솅겐조약에 규정된 자유이동을 허용하고 있다. 이러한 인접국 정책도 역시 경제적 수단을 통해 정치적 목적(민주주의, 법의 지배, 인권 가치의 보급)을 달성하기 위한 것이다.

하지만 우크라이나의 예처럼 러시아에 대한 경제적 의존도가 높거나(천연가스 등) 국내에 친러시아파가 득세하고 있는 국가에 대한 EU의 동방 파트너십은 해당국을 분열시켜, 러시아의 크림 자치구 합병이나 동부 우크라이나에 대한 러시아의 침입 등 정세악화를 유발하는 요인이 되었다.

## 3. EU의 대외활동제도

### EC 시대

EC 시대의 대외활동은 경제 분야를 중심으로 이루어졌으며, 이를 대표하는 기구로 유럽위원회가 있었다. 유럽위원회는 EC의 이름으로 공통통상정책이나 가입교섭 등을 주관했다. 일본에는 1974년에 유럽위원회 재일대표부가 설치되었다.

1980년대부터 서서히 외교안전보장·경찰형사사법 분야에서도 EPC의 정부 간 회의를 통해 EC 국가 간의 협력이 이루어지기 시작했다. 하지만 EPC는 EC 외부의 제도로서, 유럽위원회가 이를 대표할 수 없었다. EPC 체제하에서는 EC 국가들이 외교나 안전보장 문제에 관해 하나의 목소리를 내거나 단일대표를 세울 수 없었다. EPC는 1986년 유럽단일의정서에서 공식적으로 제도화되었고, 유럽이사회가 EC 활동과 EPC 활동을 조율하기로 하는 방침이 정해졌으나, 그 단계에서도 EPC의 대외적 대표를 누구로 할 것인지는 여전히 문제로 남아 있었다.

### EU 시대 1 : 90년대

1993년에 발효된 마스트리히트 조약을 통해 EU가 설립되었고, EU 국가들은 공통외교·안전보장정책을 위한 제도적 기반을 확보했다. 당시 EU는 '세 개의 기둥(Three Pillars)' 내지 '그리스 신전'에 자주 비유되고는 했다. 즉 EC 제도(첫 번째 기둥), 외교·안전보장 제도(두 번째 기둥), 사법·내무협력(경찰·형사사법협력으로 계승된다) 제도(세 번째 기둥)라는 3가지 제도가 있고, 이를 유럽이사회에서 총괄하는 구조이다.

경제 분야의 경우 첫 번째 기둥과 관련되기 때문에 유럽위원회가 대외적인 대표를 맡았다. 한편 두 번째 기둥인 외교·안전보장분야의 경우 각료이사회(외무부 장관 이사회) 의장국이나 각료이사회 사무국 사무총장이 대표를 맡았다. 세 번째 기둥은 각료이사회 의장국이 대표를 맡았다. 하지만 이러한 형태로는 역외국 입장에서 EU가 하나의 목소리를 낸다고 느낄 수 없었으며, EU 각국도 동일한 문제를 인지하고 있었다.

1990년대부터 2000년대 초반까지, 이러한 구조를 단순화하면서도 구체적인 정책과 행동을 펼쳐 나감에 있어 실효성을 기할 수 있도록 여러 번에 걸쳐 EU 조약개정이 이루어졌다. 1990년대 말 조약개정으로 외교·안전보장분야의 경우 각료이사회 사무국 사무총장이 공식적으로 '상급대표' 직함을 얻어 EU 외교의 얼굴이 되었다. 초대 대표는 스페인 출신 외교관으로 NATO 사무총장까지 지낸 하비에르 솔라나(Javier Solana)가 맡았다. 하지만 당시에는 아직 유럽위원회, 각료이사회 의장국, 상급대표 3자가 각 분야를 대표하였기 때문에, EU가 경제에서 정치에 이르기까지 '하나의 목소리'를 내지는 못하는 상황이었다.

### EU 시대 2 : 현재

2009년에 발효된 리스본 조약에 의하여, '세 개의 기둥'이 해체되고 EU라는 이름하에 단일화되었다. 대외적으로 각료급(장관) 대표는 '상급대표'라는 호칭을 얻었다. 하지만 솔라나 상급대표 시절과는 달리, 새로운 상급대표는 유럽위원회 부위원장도 겸한다. 따라서 이론적으로는 상급대표가 경제 분야(첫 번째 기둥=EC)로부터 다른 분야(기존의 두 번째, 세 번째 기둥=외교 및 안전보장, 경찰 및 형사사법)까지 EU의 모든 정치영역에 대해 대외적인 대표성을 얻게 된다.

새로운 상급대표는 2009년부터 2014년까지 영국 출신의 캐서린 애쉬튼(Catherine Ashton)이 맡았다. 애쉬튼은 상급대표를 보좌하는 EU 대외관계청(EES)의 설립에 전력을 기울였다. 한편 실무적으로는 외교·안전보장 분야의 대표로서 활동했고, 대외관계에서 경제 분야의 대표는 여전히 유럽위원회가 거의 맡는 실정이었다. 2014년부터 2019년까지는 이탈리아 출신의 페데리카 모데리니(Federica Mogherini)가 맡게 되었다.

또한 리스본 조약은 외교·안전보장 분야의 대표를 한 명 더 두도록 하였는데, 이는 유럽이사회의 이사장(상임의장)이다. 초대 이사장은 2009년부터 2014년까지 벨기에 출신인 헤드만 판 롬파위(Herman van Rompuy)가 맡았다. 2014년 12월부터는 폴란드 출신인 도널드 토스크(Donald Tusk)가 맡고 있다. 유럽이사회 이사장은 상급대표 직무권한을 침범하지 않는 범위 내에서 대외관계에서의 정상급(대통령, 수상급) 대표가 된다.

이렇듯 현재까지도 EU는 대외적으로 특정인이 '하나의 목소리'를 내는 구조를 갖추지 못하고 있다. 물론 EU의 얼굴은 서서히 '유럽이사회 이사장'과 '상급대표'로 정착되어 가고 있다.

리스본 조약의 발효와 동시에 일본에 있었던 주일유럽위원회대표부도 유럽위원회로부터 EU 대외활동청으로 이관되어, 재일EU대표부로 명칭이 바뀌었다.

### 대외활동의 결정 — 현재의 제도

현재의 EU에도 '세 개의 기둥' 시대의 흔적이 남아 있고, 특히 대외활동 시 의사결정과정에서 이를 엿볼 수 있다. 외교·안전보장(방위를 포함) 분야 사항의 의사결정은, 다른 분야의 의사결정 방법과 다르다. 이것이 EU의 대외활동이 신속하게 이루어지지 못하는 이유이기도 하다.

외교·안전보장 이외의 분야(구 EC 및 구 경찰·형사사법협력 분야)에서는 통상입법절차 등 입법절차가 의사결정의 기본이 된다.

| | |
|---|---|
| **외교·<br>안전보장에<br>관한 사항** | (1) ① 구성국 ② 상급대표 본인 ③ 상급대표(유럽위원회)의 제안<br>(2) 각료이사회의 결정<br>– 원칙 : 만장일치(건설적 기권 가능)<br>– 예외 : 구체적 조치는 특정다수결 가능(단, 의안이 특정 국가의 중대 이익에 관한 사항인 경우, 해당 국가는 만장일치로 결정할 것을 유럽이사회에 제안 가능) |
| **방위에 관한<br>사항** | (1) ① 구성국 ② 상급대표 본인이 제안<br>(2) 각료이사회의 결정<br>– 원칙 : 만장일치(건설적 기권 가능)<br>군사·방위에 관한 사항은 (특정)다수결로 의결할 수 없음 |

– 유럽위원회에는 제안권이 없다. 제안권은 EU 각 국가 내지 상급대표만이 가진다.

– 유럽의회는 결정에 관여하지 않는다.

– 원칙적으로 안건 채택은 각료이사회 만장일치로 한다(통상의 기권은 만장일치의 성립을 막지 못한다)

– '건설적 기권' 제도를 도입하였다. 통상적 기권의 경우, 기권국도 만장일치로 성립한 사항이라면 동 사항을 실행할 의무를 진다. 하지만 건설적 기권의 경우 기권국은 결정사항을 실시할 의무를 지지 않는다(단, EU 구성국 중 1/3 이상이 건설적 기권을 하고, 그 기권국 인구가 EU 총인구의 1/3을 초과할 경우 채택을 해서는 아니 된다(EU 조약 제31조 제1항)).

– 특정다수결이란 만장일치로 기본방침을 정한 후, 구체적인 실시 조치 등을 정할 때 사용한다. 단, 특정국이 국가에 중대한 이해

관계가 있음을 주장하는 경우 특정다수결로 의결하지 않는다. 해당 안건은 각료이사회로부터 유럽이사회로 이관되며, 유럽이사회의 만장일치로 결정을 내리게 된다.

– 안전보장정책 중 군사·방위에 관한 사항은 특정다수결의 대상이 되지 않는다.

즉 외교·안전보장·방위 분야의 대외활동은 EU 각국의 정부 주도로 결정되며, 이 결정에 유럽의회는 전혀 관여하지 못하고 유럽위원회도 거의 관여할 수 없다.

### 결 론

일련의 과정을 통해 EU의 세 가지 기둥은 한 채의 집으로 통합되었지만, 그 안에는 두 개의 방이 있다고 볼 수 있다. 외교·안전보장·방위의 방에서는 각료이사회(=EU 각국 정부)가 단독으로 의사결정을 한다. 그 외 정책의 방에서는, 유럽위원회, 유럽의회, 각료이사회 3자가 협력하여 결정하게 된다. 결국 두 개의 방은 외교관만 쓰는 방과 모두가 사용하는 방으로 나뉜다고 볼 수 있다. 모두의 방에서는 입법과정이 공개되어 투명성이 보장되나, 외교관의 방에서는 회의가 비공개로 열려 일반인 입장에서 투명성을 보장받지 못한다. 외교·안전보장·방위 분야는 EU를 구성하는 국가들이 '국가'로서 강제적 권력을 발휘하는 정책 영역일 뿐만 아니라, 그 분야에 대해서는 외교관 내지는 국가 주요인물에게 권한을 위임하여 정책을 결정시키는 특유의 분위기(성질)가 있기 때문이다.

### ▸ 미주

1) Houssain Kettani, "Muslim Population in Europe: 1950−2020" International Journal of Environmental Science and Development, Vol. 1, No. 2, June 2010, pp. 154−164.
2) Council Regulation 596/82 [1982] OJ L 72/15(對소비에트); Council Regulation 877/82 [1982] OJ L 102/1(對아르헨티나).
3) Case T−315/01, Kadi [2005] ECR Ⅱ−3649 (EU 일반재판소); Cases C−402/05P and C−415/05P, Kadi and Al Barakaat International Foundation [2008] ECR Ⅰ−6351(EU 사법재판소).
4) EU 일반재판소는 다음과 같이 판시하였다: '이 사건 EU 규정은 안보리결의를 EU 내에서 실시하기 위해 규정된 것이기 때문에 내용적으로 양자가 동일하다. 하지만 UN 가입국은 UN헌장에 의해 안보리결의 등 UN헌장상의 의무를 다른 어떤 조약상 의무보다도 우선하여 지켜야 한다. EU 규칙은 EU 국가들이 본래 개별적으로 UN 가입국으로서 실시해 온 조치들을 EU 차원넹서 정리한 것이기 때문에, EU 그 자체는 UN 가맹국이 아닐지라도 EU는 EU 개별 국가들이 대리인으로서 위 의무에 구속된다. 따라서 EU 재판소가 EU 규칙의 위법성, 즉 안보리결의의 위법성을 묻는 것은 허용되지 않는다. 또한 UN도 국제법상 인권과 관련된 불문법에 구속되지만, 그 인권규범에 비춰 봐도 K에게 인권 침해를 인정할 수는 없다'.
5) WT/DS26/R/USA, WT/DS48/R/CAN(패널); WT/DS26/AB/R, WT/DS48/AB/R (상소기관); WT/DS320/AB/R(대항조치에 관한 상소기관).
6) WT/DS400/R; WT/DS401/R(패널); WT/DS400/AB/R; WT/DS401/AB/R(상소기관).
7) Case T−526/10, Inuit Tapirit Kanatami, ECLI; EU: T: 2013: 215.

# 제 5 장

# EU는 앞으로 어떻게 될 것인가

# 제5장
# EU는 앞으로 어떻게 될 것인가

EU(European Union)는 EU 국가들이 설립한 통치조합이다. 하지만 그 운영은 국가가 아닌 국민들의 유럽의회 선거 내지 소송을 통하여 이루어진다(제2장, 제3장). EU법은 권리를 부여하고, 의무를 지우는 등 구성원 개개인에 직접적으로 영향을 미친다. EU는 경제활동, 공통통화나 인구 이동에서부터 경찰, 안전보장, 방위 분야에 이르기까지 정도의 차이는 있으나 정책과 입법에 관한 권한을 가지며, 실제로 이를 행사하고 있다(제2장~제4장). EU는 오늘날까지 유럽의 지속적인 평화를 실현해 왔으며, 어느 정도의 경제적 번영도 누려 왔다. EU의 경제규모를 무기로 EU의 규범, 기준, 가치를 전 세계에 보급하기 위해 애써 왔다.

그렇다면 EU의 미래는 어떻게 될 것인가. 이는 EU를 창설하고 운영해 온 당사자인 유럽 사람들과 각 국가가 EU를 어떻게 바라보고 있는지와 밀접한 관련이 있다.

## EU와 유럽인

유럽 국가들의 사람들은 EU에 만족하고, 이를 지지하고 있을까? EU

가 정기적으로 행해 온 여론조사에 따르면, 사람들은 지속적으로 EU를 지지해 오고 있다(아래 그래프의 짙은 실선).[1] 유로화 위기에 놓였을 때도 EU에 대한 부정적인 의견이 긍정적인 의견을 상회하는 경우는 없었다.

EU는 사람들로부터 각국 정부, 의회보다 높은 신뢰를 얻어 왔다.

**2006-14년의 여론조사(EU의 이미지)**

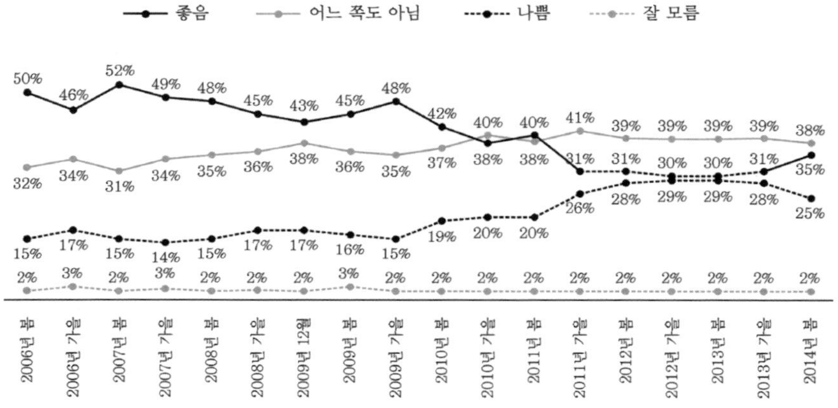


**2006-14년의 여론조사(EU, 각국 의회 각국 정부에 대한 신뢰여부)**

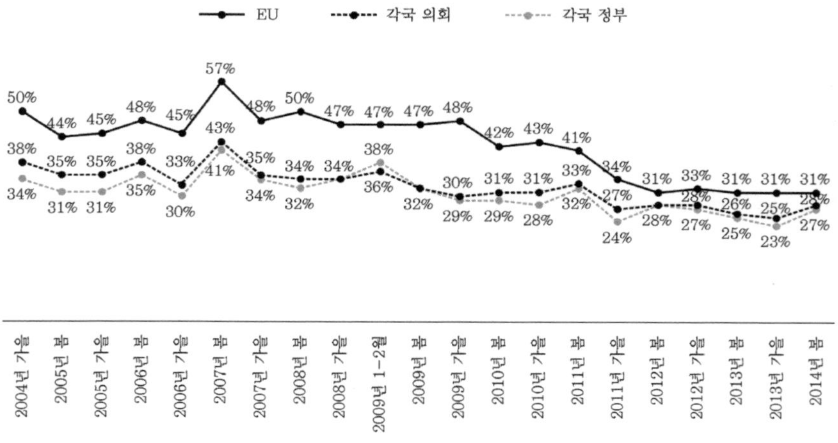

그리고 EU의 미래에 대해서도 낙관하는 사람이 지속적으로 다수를 점해 왔다(다음 그래프의 실선).

**2006-14년의 여론조사(EU의 미래를 낙관하는가, 비관하는가)**

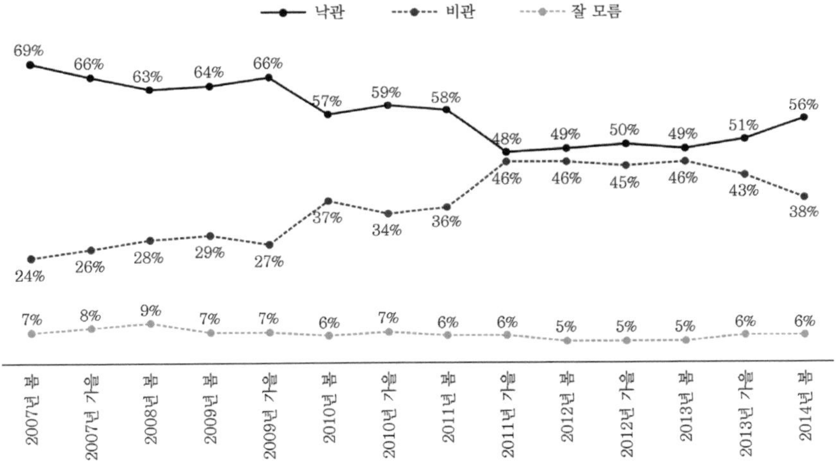


하지만 사람들이 EU 운영에 만족하고 있는 것은 아니다. 자신의 목소리가 EU 정책에 반영되지 않았다고 생각하는 사람이 다수를 차지한다(다음 그래프의 짙은 점선이 반영되지 않았다고 생각하는 사람들의 비율).

**2006-14년의 여론조사**
**(자신의 목소리가 EU에 반영되고 있다고 생각하는가)**

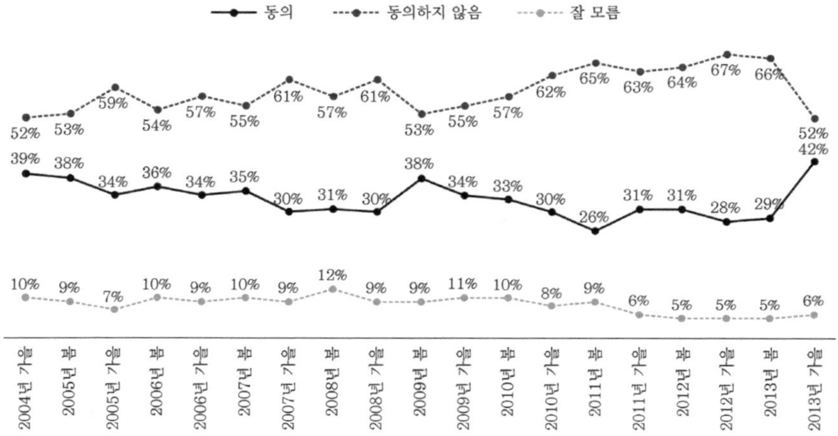


국가별로 살펴보자. 자신의 의견이 반영되고 있다고 생각하는 사람이 많은 국가는 북유럽, 프랑스, 독일 등 11개국, 그렇지 않은 사람이 많은 국가는 동유럽 국가 및 영국, 이탈리아 등 18개국이다.

2010년대 유럽 사람들의 주요한 관심은 불황탈출에 있었다. 유로화 위기로 인해 긴축재정을 펼치는 국가를 중심으로 실업률이 높은 국가가 다수 있었다. 이와 관련하여 이민자들의 유입, 인플레이션 등도 주요한 걱정거리였다. EU가 세계에서 어떤 영향력을 미치는지에 대해서 관심을 가지는 사람은 그다지 많지 않았다.

**2013-14년의 여론조사(EU의 주요 과제는 무엇인가)**

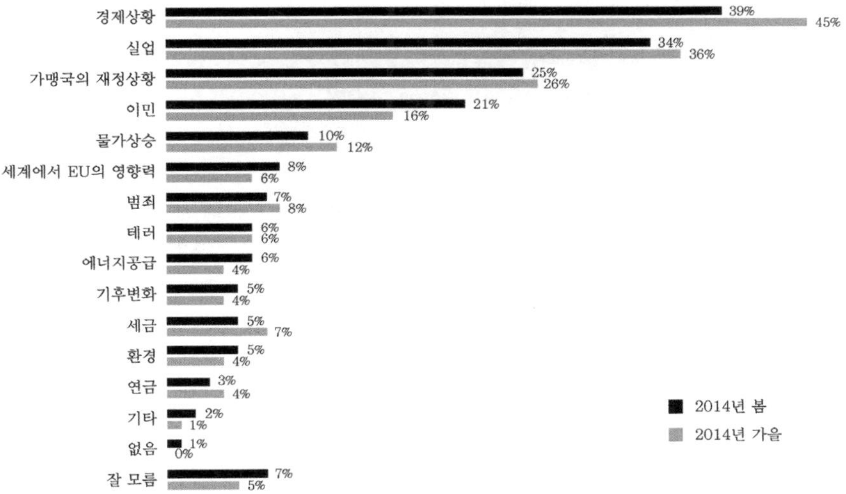


그렇다면, 유럽 사람들이 생각하는 EU의 주요 성과는 무엇일까? 그들은 역내시장에서의 자유이동과 유럽의 지속적 평화를 2대 성과로 꼽는다. 절반 이상의 사람들이 이렇게 생각하고 있다. 유로화 도입, 에라스무스 플랜에 따른 국가 간 학생교류, 세계에 있어 EU의 정치적·경제적 영향력 등이 뒤를 잇는다.

자신을 EU 사람이라고 생각하는가라는 질문에 대해서는 다수의 사람들이 '어느 정도 그렇다고 생각한다(yes, to some extent)'라고 밖에 대답하지 않는다. 이러한 경향에 큰 변화는 없다.

2010-14년의 여론조사(EU 시민이라고 생각하는가)

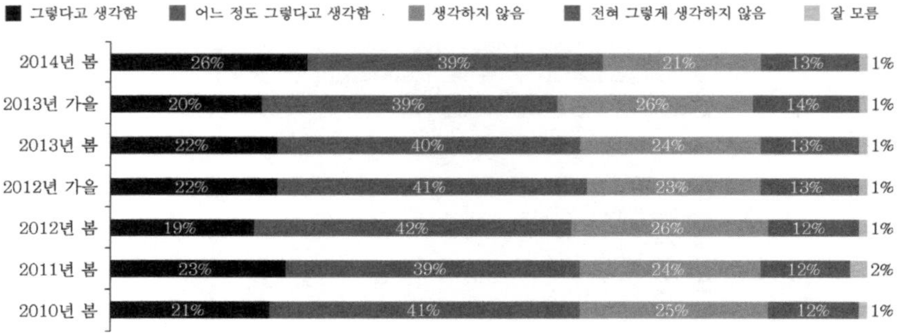


오랜 기간에 걸쳐 이루어진 여론조사 결과에서 알 수 있듯, EU의 과제는 사람들의 주요 관심사에 대한 정책을 만들어 내는 것이다. 무엇보다도 사람들은 경제상황이 호전되기를 항상 바란다. EU가 정치 영역의 정책에 힘을 쏟는다고 해도, 사람들에게 가장 호소력 있는 것은 경제공동체 EC 시기부터 다루어 온 경제 이슈이다.

하지만 EU는 이러한 사람들의 기대에 부응하는 통치제도를 갖추고 있지 못하다. 제3장에서 EU의 구성과 운영에 대해 살펴보았지만, 현행 EU 제도는 일반인들에게는 접근하기 힘든 구조로 되어 있다. 자신의 국가에서 사람들은 선거를 통해 집권정당을 바꿀 수 있다. 정권을 쥔 정당이 바뀌면, 정책의 방향도 바뀐다. 하지만 EU의 의회는 그렇지 않다. EU에서 대부분의 분야에 대해 정책을 입안하고 법안을 제출할 권리는 유럽위원회가 독점하고 있다. 유럽위원회 내부에서도 유럽이사회(각국 정상)가 정책 입안에 대한 영향력을 행사하며, 유럽의회가 임명하는 사람들은 실권을 쥐고 있지 않다. 따라서 사람들이 유럽의회 선거에 투표한다 하여도, 이로써 EU의 정책형성 방향을 바꿀 수 있는 가능성은 매우 희박하다.

애초부터 EU는 EU 회원국 정부들에 의해 설립된 것이고, 정책이나 법안을 채택할 권리는 각 국가의 정부에 주어져 있었다(EC 시대의 자문 절차 참조). 지금도 외교나 안전보장 분야에 대해서는 회원국 정부에게 결정권이 주어져 있다. 이러한 수준에서 시작하여, 외교, 안전보장 이외의 분야에 대해서는 유럽의회의 입법권한을 점차 높여 왔다. 따라서 현재 EU의 통상입법절차상 유럽의회와 각료이사회(EU 회원국 정부각료 대표회의)가 공동으로 유럽위원회 법안을 채택한다. 즉 EU에는 국가가 주체가 되어 운영하는 국제기구로서의 성격도 여전히 남아 있으나, 이러한 상황에서 사람들(EU 시민)이 주체가 되어 참여하는 비중을 늘리고 있는 것이다.

따라서 EU의 구조는 국내정치의 구조와 다를 수밖에 없다. 이 차이를 이해하는 한편, EU에서 어떻게 하면 사람들의 관심과 요구에 부응하는 정책을 펼쳐 나갈 수 있는지, 제도나 운영을 어떻게 개선해야 하는지 고민하는 지점에서부터 EU의 미래에 대한 논의가 시작된다.

어떻게 하면 시민들에게 가까운 EU가 될 수 있을지에 관한 논의는 1990년대 EU 조약 개정교섭 때부터 여러 번 이루어졌다. 이에 대해 유럽의회에 더욱 광범위한 입법채택권을 부여해야 한다는 수준의 원론적인 논의만이 이루어졌다. 현행 리스본 조약은 이에 더하여 유럽 사람들의 목소리가 EU에 바로 전달되도록 입법발안제도(이니셔티브 제도)를 신설하였다. EU 회원국 중 100만 명의 시민이 모이면 유럽위원회에 구체적인 입법제안 내지 입법요구를 할 수 있도록 하는 제도로, 2012년 4월부터 실시되었다. 하지만 이것만으로 EU가 유럽 다수 사람들의 목소리를 반영할 수 있다고 생각하는 것은 너무 낙관적이다. 100만 명을 모으기 위해 제안이 구체화될수록, EU 5억 모두를 위한 대규모 정책형성으로부터는 멀어지기 때문이다.

이런 큰 틀의 정책에 대해서 유럽 사람들은 명확한 구상을 갖고 있지 못한 듯 보인다. 유럽 사람들은 지속적 평화는 달성되었다고 평가하며, 당장의 불황을 벗어나고 싶다고 한다. 하지만 그 다음에 찾아올 EU의 미래에 대해서는 별 관심이 없다. 이를 찾아내어, 내지는 만들어 내어 사람들에게 그것이 옳은 정책이라고 믿게 하는 것은 정치가의 역할이다. 하지만 현재 EU 회원국의 정치가들은 눈앞의 문제에만 몰두하고 있다.

### EU와 유럽 국가들

EU를 조합에 비유해 왔지만, EU 구성국의 관점에서 보면 EU는 조합처럼 믿음직하기도, 그 이상으로 무서운 존재이기도 하다.

특히 중소 규모의 국가에게 EU는 믿음직한 존재이다. 세계무대에서 별다른 영향력을 행사하지 못하다가, EU라는 이름으로 외교력을 가지게 되기 때문이다. 경제적인 면에서도 개별 국가였던 때보다 훨씬 큰 교섭력을 통해 세계 유수의 국가들과 논의를 진행할 수 있게 된다(제1장 말미의 칼럼 'EU의 규모' 참조). 규모가 큰 국가라 해도 기존보다 훨씬 큰 중량감을 가지고 세계 여러 국가들과 어깨를 나란히 할 수 있다.

한편 EU는 회원국의 통제를 벗어난 요소를 가지고 있다는 점에서 무서운 존재이기도 하다. 특히 EU 사법재판소가 대표적이다. 제2장과 제4장에서 살펴보았듯 EU 회원국들이 합의하에 EU 기본조약에 관한 사항을 정하여도, 또는 특정한 EU 입법을 상세하게 규정하였더라도 EU 사법재판소가 생각지도 못한 해석을 해서 예상치도 못한 사람들에게 권리를 부여하는 일이 있다(EU법의 직접적 효력, EU법의 우위 등으로 발현되며, 구체적으로는 항공여객 권리 규칙상 항공기가 지연된 고객, 코완 사건의 강도에게 피해를 입은 영국인 피해자, 클래비어 사건, 블래조 사건의 프랑스 국적 미대생, 의대생, 삼브라노 사건의 콜롬비아인 부부 등). EU의 독자적인 논리로 인하여 EU 각국의 법률과 정치까지 변화하는 경우가 있다.

회원국들은 이러한 양면성을 느끼면서도 EU의 권한확대를 용인하고, 제도를 개선시켜 왔다. 하지만 향후 제도개선은 더욱 어려워질 전망이다. 가입국이 28개로 늘었으나, 여전히 기본조약 개정이 되려면 모든 가입국의 찬성과 비준이 필요할 뿐만 아니라 국민투표를 필수로 하는 국가도 있기 때문이다. 따라서 유럽 사람들의 관심사에 즉각 대응할 수 있도록 운영방식을 개선하고 제도를 개혁하는 것이 향후 EU에게 남겨진 과제이다.

### 칼럼 : 주권 개념으로 EU를 바라보는 시각의 문제점

종종 사람들은 EU 회원국이 EU에 가입함으로써 국가주권을 잃거나 제한당했다고 하나, 이는 단편적인 시각에 불과하다. 정치적인 권력(파워) 측면에서의 주권은, EU의 '믿음직한' 면에서는 오히려 확대되었다고 볼 수 있다. '무서운' 면에서는 물론 제한된 측면이 있다.

본래 주권(sovereignty)이라는 말은 겉으로 드러난 정치권력(파워)이 최종적으로 누구에게 있는지를 나타내는 것이었다. 즉 국왕이 주권을 가진다, 국민에게 주권이 있다 등의 말에서 알 수 있듯, 어딘가에 하나의 힘의 근원이 있다는 발상이 전제된 것이다. 그리고 그 '힘의 근원'은 논증 없이도 정당한(legitimate) 권력의 소지자라는 평가를 받게 된다(권위의 부여, authorization).

하지만 EU에 관한 논의에서 '주권' 개념을 적용하는 것 그 자체가 타당한지에 대한 의문이 있다. 왜냐하면 EU에서는 '힘의 근원'이 하나로 수렴하지 않기 때문이다. EU 회원국에게도 여전히 사안을 최종적으로 결정할 수 있는 권력이 남아 있고, EU도 EU만이 최종적 결정권으로서 '배타적 권한'이라고 하는 권력을 가지고 있는 것이다. EU는 EU 회원국과 통치권력을 공유하기도, 나눠 가지기도 한다.

더욱 논의를 혼란스럽게 하는 것은, 주권 개념이 힘이 아닌 권위(authority) 내지 정통성(legitimacy)이라는 뜻으로 쓰이기도 한다는 점이다. 이 경우 EU 권력을 정당화하는 힘은 EU 회원국으로부터 나왔다고 볼 수 있다. 각 회원국이 조약에 근거하여 EU를 만들었기 때문이다. 하지만 각 회원국은 국민이 최종적인 힘의 근원(국민주권)을 가진다고 보기 때문에, 간접적으로는 유럽 사람들에게 힘이 있다고 볼 수도 있다. 결국 복수의 힘이 존재하는 것이다.
어느 쪽이든 '주권'이라는 단어로 EU를 분석하는 것이 올바른 방법이라고 볼 수는 없다. 적절하지 않다고 인정되면 다른 분석방법을 찾아보는 것이 좋을 것이다. 여기까지 파고드는 것이 EU를 '학문'으로 대하는 것이다.
첨언하자면, 이 책에서 든 조합의 비유도 어느 정도 이해가 된 후에는 필요가 없어진다. EU는 조합 이상으로 무서운 존재로서, EU를 만들어 낸 회원국들에게 예상치 못한 제약을 가하여 국내법의 변경을 강제하는 힘도 가지고 있는 것이다. 조합은 조합원이 예상치 못한 행동을 하여 조합원의 상태를 변경시키는 힘을 가지고 있지 않다. 따라서 위 비유는 EU에 대한 이해가 일정 수준 이루어지면 잊어버려도 좋다(제1장 도입부 참조).

### EU는 국가가 될 수 있는가?

EU는 이미 여러 분야에서 무시할 수 없는 힘을 발휘하고 있다. 그리고 EU와 EU 회원국 사이에 입법권의 배분도 이루어져 있다(제3장 참조). 따라서 현재 EU는 연방국가와 유사한 방식의 통치를 하고 있다고 볼 수 있다. 하지만, EU 자체가 절대적인 권력을 가지고 있는 것은 아니며(제2장 참조), 각 국가들이 설립한 국제기구로서의 측면도 가지고 있다(제3장 참조). EU의 미래는 EU 국가들과 사람들에게 맡겨져 있으며 그 답은 아직 정해지지 않았다. 무엇보다 EU 국가들과 사람들도 EU의 미래에 대한 뚜렷한 견해를 가지고 있지 않다.

현재 유럽 국가들도, 사람들도 유럽연방국민국가라는 형태를 바라고 있는 것 같지는 않다. 1990년대부터 2000년대까지 EU 사람들과 국가들은 기본조약에 EU 권한에 대한 3대 원칙인 '권한부여의 원칙', '보충성 원칙', '비례의 원칙'을 명기했다. 권한부여의 원칙은, EU는 권한을 부여받은 범위 내에서만 활동할 수 있다는 것이다. 보충성원칙은, 규모 또는 효과 측면에서 EU 각 국가가 개별적으로 대처하는 것보다 EU 차원에서 대처하는 것이 낫다고 판단될 때만 EU가 권한을 행사해야 한다는 것이다. 비례의 원칙은 권한을 행사할 때도 목적달성에 필요한 범위에 한한다는 것이다. 이를 통해 알 수 있는 것은 국가들도 사람들도 그리 쉽게 EU에 권한을 부여하지 않을 것이라는 점, EU는 정말 필요할 때에 한해 필요한 범위 내에서 등장하면 된다는 주장으로, EU의 권한을 억제하려는 듯한 분위기를 엿볼 수 있다.

두 번째로, (지금까지 EU가 발전해 온 역사에 초점을 맞춰 서술하였기 때문에 언급하지 않았지만) 사실 유럽 국가들과 사람들은 2000년 초반에 EU 헌법을 규정한 조약을 만들려다 실패한 전력이 있다. 헌법이라는 단어는 유럽 사람들에게 '국가'의 기본법이라는 이미지가 있다. 인민대표에 의한 헌법제정의회와 유사한 조직으로 하여금 헌법의 내용을 기초하게 하는 방식이나 헌법 자체의 내용에 비추어, 많은 사람들은 이 조약의 체결이 EU 연방국가 건설로 이어지는 것이 아닌가 우려하였고, 그러한 방향의 EU 건설을 거부한 것이다.

**칼럼 : 유럽헌법조약 체결 시도와 실패(2002-2005년)**

EU 국가들은 EU와 개인 간의 결속이 약하다는 점을 우려하였다. 이에 새로운 조약을 체결 시 그 기초(起草)과정에서부터 결속을 강화하기 위해 인민대표 자문회의(Convention)를 개최하기로 합의하였다. EU 회원국 의회 의원대표, 유럽의회 의원대표, 그리고 EU 각 정부의 대표와 유럽위원회 대표로 구성된 자문회의가 만들어져 지스카르 데스탱(Giscard d'Estaing 전 프랑스 대통령) 의장 주도로 유럽헌장조약초안을 작성했다(2002-2003년). 이를 기초로 EU 회원국 정부 간 조약교섭회의를 열었고, 약간의 수정을 거치긴 했지만 거의 초안 그대로 유럽헌법조약(Treaty establishing a Constitution for Europe,

이하 헌법조약)이 체결되었다(2004년).
헌법조약은 EC 설립조약과 EU 설립조약을 폐지하고 이를 대체하는 새로운 조약이었다. 서두에 유럽 국가들과 사람들이 EU를 형성하는 주체임을 정하고, EU의 목적이 평화, EU의 가치, EU 사람들의 행복을 추진하는 것임을 밝히고, EU 깃발(파란 바탕에 12개 별), 노래(베토벤 교향곡 제9번 제4악장 '환희의 송가'), 기념일(5월 9일), 모토(모두 다르지만 하나(unity in diversity))를 정하는 한편 이 조약에 EU 기본권헌장을 포함시켜 인권규정으로 정하고, EU와 구성국 간 입법권의 배분을 정하며, EU 입법은 통상입법절차(공동결정절차)를 기본으로 하고, EU는 향후 이 헌법에 입각하여 EU 시민을 위해 더욱 민주적으로 운영될 것을 제창했다. 위 조항들은 사람들에게 'EU＝연방국가'라는 인상을 심어 주었다.
각 회원국의 비준단계에 이르러, 2005년 프랑스와 네덜란드에서의 국민투표에서는 국민 다수에 의해 비준이 부결되었다. 위 두 나라는 EU의 최고참 국가였기 때문에 파장이 상당했다. 양국 국민들의 완강한 거부를 보고 타국에서의 비준도 난항을 겪게 되었으며, 결국 헌법조약은 발효되지 못한 채 사라지게 되었다.
그 후 헌법조약에서 연방국가건설을 연상시키는 부분만을 제외하고(헌법이라는 단어, EU를 구성하는 것이 각 국가와 사람들이라는 규정, 깃발, 노래, 기념일, 모토 규정 등을 삭제하고), 나머지 내용의 대부분을 종래 EU조약과 EC조약의 '개정'이라는 온화한 형태로 실현시킨 것이 지금의 리스본 조약이다.

세 번째로, 유럽의 많은 사람들이 EU와 직접적인 결속을 강하게 느끼고 있지 않다는 점이다. EU 시민이라고 '어느 정도(yes, to some extent)' 생각하는 정도이다. '그렇지 않다(no, not really)'라고 답한 사람들의 비율을 합치면, 60% 이상의 사람들이 강한 연대감을 느끼고 있지 못하다. 종래 어떤 사회학자는 1980년대 EC를 가리켜 '누가 EC를 위하여 목숨을 내놓을 것인가?(＝아무도 내놓지 않을 것이다)'라고 평가했는데(베네딕트 앤더슨,

'상상의 공동체'), 많은 유럽 사람도 이에 공감할 것이며 2014년 여론조사의 결과도 이와 같다.

사람들과 국가들 어느 쪽이든 EU의 최종적인 미래상을 그리지 않은 채 EU를 운영해 나가고 있다. 따라서 'EU는 국가인가?'라는 질문은 기존 통치체제에 EU를 끼워 맞춘다는 점에서 질문 자체가 부적절한 것이다. 정해지지 않은 것에 대해서 기존에 답이나 사고방식을 강요하는 유도심문이 된다.

**칼럼 : 영국의 EU 탈퇴(Brexit)**

EU 잔류인가 탈퇴인가를 놓고 진행된 2016년 6월 23일 영국의 국민투표에서 탈퇴파가 근소한 차로 다수를 점하였다.
영국은 EC 창설 초기부터 유럽연합에 한 발짝 거리를 두고, 가맹 후에도 무슨 일이 있을 때마다 일부 정책이나 장래상에 이의를 제기하였으며, 이런저런 특례도 인정받고 있었다. 공통농업정책인 가격지지제도를 불합리하다고 규탄하고, 유럽 독자의 방위체계보다도 NATO를 강조하였으며, 통화의 통일과 재정의 연대를 수반하는 유로화를 거부하고, 사람들의 역내 자유이동으로 귀결되는 솅겐협정에도 가입하지 않았다. 하지만 그러한 영국도 EU의 기반을 이루는 역내 시장통합을 추진하고, 냉전 후 유럽 안정을 위해 EU가 동유럽 지역으로 확대되는 것을 지지하고, 또한 테러대책과 경찰협력에도 힘을 기울였으며, NATO의 틀과 상호보완적인 EU 공통방위정책을 용인했다. 영국이 제기한 문제는 구체적인 정책선택이나 장기적 장래상에 대한 (일리 있는) 것들이었으며, 이는 부조리하지도 않았고, 전후 유럽의 경제통합을 기초로 한 평화구축구상을 부정하는 것도 아니었다. EU 탈퇴라는 투표결과를 보고, 소급하여 영국이 질적으로 다른 국가였다거나, 탈퇴는 필연적이었다거나 하는 해석은 편향되고 과장된 것이다. 잔류파가 근소한 차로 팽팽하게 대립했다는 점도 이질론으로 설명할 수 없는 부분이다.

본서에서 수차례 지적했듯 EU는 단일조직이라기보다는 다양한 국가들과 국민들의 대립과 협력이라는 양면을 갖춘 전대미문의 통치체제이다. 영국은 그 지리적 위치나 역사적 경위, 권력에 대해 회의적이면서도 자유주의를 중시하는 사상 등의 특징으로 인해 EU의 의의를 독일, 프랑스, 이탈리아, 베네룩스 등 오랜 참가국과는 다른 시점에서 바라보고, 영국 나름의 EU 건설에 참여해 왔다. 이는 비교적 신참 국가라 할 수 있는 북유럽이나 동유럽 국가들에게서도 공통적으로 발견할 수 있는 특징이다. 스웨덴이나 덴마크도 시장통합을 지지하나 유로화에는 참여하고 있지 않다. 오랜 참가국들은 사람들의 이동과 관련하여, 특히 역외로부터의 이민이나 난민수용에 관한 사항에 대해 EU로 하여금 더욱 많은 사항을 정하라고 제안하나, 동유럽 국가들은 이를 반대하고 있다. 그리고 영국의 탈퇴파가 비판했듯 서민의 니즈에 귀를 기울이지 않고 대형 비즈니스와 정부고위관료 중심으로 EU를 운영했다는 비판, 즉 글로벌 시장경쟁에서의 강자에 편중된 EU 정책형성에 대한 비판은 영국을 넘어 EU 국가들의 많은 사람들에게 폭넓게 공유된 것으로 보인다. 즉 Brexit는 영국 독자의 요인도 있으나(2010년 이후, 반유럽 정당 UKIP이 보수당을 위협하기 시작했다는 국내 정치상황으로부터 보수당 정권이 그 타이밍에 국민투표라는 도박을 걸었다는 요인), 태어난 순간부터 EU가 존재했고 역내의 평화를 당연하게 생각하는 새로운 세대에게 EU가 (전쟁 없이 평화를 유지한다는 목적 달성 외에) 유럽의 사람들에게 확실한 이익(불황대책이나 난민대책 등)이라는 점을 설득력 있게 제시하지 못하고 표류해 온 쪽이 결과에 더 큰 영향을 미친 것으로 보인다.

향후 영국은 EU조약 제50조에 따라 기득권 보장 및 탈퇴 후 EU와의 관계구축을 포함한 탈퇴협정(동조가 상정하는 2년보다 아마 더 오래 걸릴 것으로 보인다) 교섭에 나서고, 결국 가맹국이 아니지만 EU와 특별히 연관성이 깊은 국가가 될 것이다(제4장의 칼럼 'EU 탈퇴(이탈) 문제' 참조). 또한 세계 주요국과 각종 포괄적인 경제자유화협정을 체결해 나가게 될 것이다.

하지만 나머지 EU 국가들과 영국이 어떠한 관계를 맺을 것인지는 중요한 문제로 남게 된다(예를 들면 더욱 장기적인 관점에서 영국을 스위스, 노르웨이, 터키, 우크라이나 등과 함께 EU 지역의 바로 옆에서, EU 국가들의 안전보장과 경제발전 위에서 전략적으로 중요한 인접 국가라고 이해하고, 기존 EEA 등 제도를 근본적으로 재검토하는 것을 포함하여 위 국가들에게 공통적으로 적용되는 새로운 근린정책을 펴는 것도 생각해 볼 수 있다). 그리고 무엇보다 EU는 내부적으로 유럽 사람에게 가장 '보이는 것', '존재감이 있는 것'이 되어야 한다. 100만 명의 시민 발안 정도로는 사람들은 존재감을 느끼지 못한다. 우선은 EU 통치제도하에서 전개된 민주주의가 실업으로 고통받은 사람들도 아우를 수 있는 민주주의인지, 시장경쟁체제의 강자에게 편향된 민주주의는 아닌지를 성찰하고, 필요에 따라 현행 제도하에서 가능한 개선책을 강구해야 한다. 인터넷 시대를 맞이하여 각종 미디어의 활용도 하나의 방법이 될 것이다. 장기적으로는 신규 가맹국을 맞이할 때 기본조약의 부분개정을 검토하고, EU 국가들의 국정의회 중 일정 수에게 공동 제안권을 인정하거나, 유럽 사람들이 유럽의회선거의 '존재감'을 느끼도록 유럽위원회의 위원장을 유럽의회가 임명하는 제도로 개정하는 등의 개혁도 검토해 볼 필요가 있다. Brexit는 영국뿐만 아니라 EU에게도 새로운 전개의 막을 올리는 계기가 될 것이다.

## 결론 — '국가를 넘어선 미래의 형태' 실현 프로젝트

EU는 아직 전례가 없는 통치체제이다. 따라서 유럽 사람들이 매일 논의를 거듭하고 있으며, 그 과정에서 시행착오도 겪고 있다. EU의 미래는 유럽 사람들과 국가들의 실천적인 과제(=정치)로 남겨져 있다. 바꾸어 말하면 EU는 우선 'EU'나 'EU 시민으로서의 지위'라고 이름 붙인 무언가를 설정하고, 여러 가지 논의와 실무례를 축적하며 실체를 창조해 나가는 자기형성적(self-fulfilling) 존재인 것이다(자기형성적 존재란 한 소년이 야구선수가 되겠다고 선언한 후 이를 위해 노력하여 정말 야구선수가 되는 것과 같은 것이다. 즉 목표를 위해 노력해서 그것을 이루는 것을 말한다. 야구선수라는 명확한 목표에 비해 EU의 목표는 아직 정해지지 않았다는 문제가 있다). 즉 '국가를 넘어선 미래의 형태'를 실험하는 유럽 사람들과 유럽 국가들의 정치 프로젝트인 것이다.

역외에 있는 우리들은 EU의 자기형성적 특성에 착안하여 EU 국가, 유럽 사람들, EU 기관의 움직임과 실무 동향을 종합적으로 관찰해야 한다. 그 과정에서 우리가 가진 기존의 관념(주권, 국가 등)에 EU를 끼워 맞추려는 방법 자체가 예단 내지는 유도심문으로 작용할 수 있다는 점을 자각해야 한다.

▸ **미주**

1) Standard Eurobarometer 81/Sprmg 2014.

# 저자 후기

EU라는 유럽 국가와 사람들의 정치 프로젝트에 대하여, 최대한 알기 쉽게, 하지만 학문적인 수준은 낮아지지 않도록 핵심만을 추출하여 생생하면서도 풍자를 가미하여 안내하고자 한다. 읽기에 재미있는, 맛깔나면서도 날렵한, 빠르게 본질을 꿰뚫는 EU 안내서를 써 보고 싶었다. 그런 생각으로 쓴 것이 이 책이다. 나의 전문적인 지식과 관심으로, 재판과 법, 제도에 대한 이야기도 많이 서술하였다. 하지만 법의 해석에 관하여 쓴 것이 아니다. EU법이 사회에서 어떻게 작동되어 EU와 유럽 사회를 형성해 나가는지 그 동태적인 과정을 그렸다. 그리고 경제와 정치의 움직임에도 최대한 주안점을 두어 서술하였다.

돌이켜 보면 내가 아직 대학원생이었던 시절 아르바이트를 하고 있던 학원에서 고등학교 3학년 학생에게 '선생님, EC가 뭐예요'라고 질문을 받았는데, 핵심을 짚은 대답을 하지 못한 그때의 분함, 안타까움, 미안함이 이 책의 원점이다.

그로부터 30년, 열심히 공부했고 시간도 많이 걸렸지만, 이제는 한마디로 대답할 수 있을 것 같다. 제1장의 도입부, 제5장의 마지막 부분이 그 한마디다. 다만, 그 한마디는 본서를 통독한 후에 읽으면 나름의 깊은 울림이 있음을 알 수 있을 것이라 생각한다.

그때의 고등학교 3학년 학생도 나이를 제법 먹었다. 늦었지만, 드디어 대답할 수 있게 되었다. 혹시 만날 수 있게 된다면 이 책을 그들에게 헌정하고 싶다. 그리고 현재 고등학생, 대학생, 또한 유럽과 관계가 있거나 유럽에 흥미가 있는 모든 사람에게 보내고 싶다. 이 책에는 최소한의 본질만을 담아 두었다. 이를 베이스로 하여, 더욱 관심을 넓혀 나가길 바란다.

이 책의 출간에 있어 신잔사(信山社)의 이마무라 마모루 씨에게 많은 도움을 받았다. 감사하게 생각한다.

2014년 늦은 여름
아소산 기슭에서
저자

# 제2판 후기

초판의 후기를 작성한 것이 벌써 2년 전이다. 그 무렵부터 중동으로부터의 난민 유입이 급증하고, 2016년 6월 영국이 EU 탈퇴를 투표에 부치는 등 EU 역사상 획기적인 사태가 연이어 발생하였기에 이를 반영하여 증보·개정하였다.

2016년 늦은 여름
Costa Del Sol에서
저자

# EU 연표

| 연도 | EU 제도의 발전 | 책에서 다룬 역내, 역외활동 |
| --- | --- | --- |
| 1945 | 제2차 대전 종결 | |
| 1951 | ECSC 조약 서명(파리조약, 52년 7월 23일 발효) | |
| 1957 | EEC, Euratom 조약 서명(로마조약, 58년 1월 1일 발효) (가맹국 6개국) | |
| 1959 | EFTA 조약(60년 발효) | 1959년 야운데 협정(~74) |
| 1965 | EC기관 통합조약(1967년 7월 29일 발효)<br>프랑스 '공석 전술' → EC 정치의 위기 → 룩셈부르크 타협 | 1963년 EU법 직접효과의 법리(판례)<br>1964년 EU법 우위의 원칙(판례) |
| 1966 | 룩셈부르크 타협 | 1966년 그룬디히 사건<br>1968년 대외 공통관세 도입 + 공통농업정책의 본격화, 피용자 자유이동규칙 |
| 1972 | 유럽정상회의 정례화<br>(→1986년 단일의정서에서 '유럽의사회'로 제도화) | 1970년 EU법의 일반원칙으로서 인권을 보장하는 판례법 확립<br>1971년 묵시적 대외권한의 법리(판례) |
| 1973 | EC 제1차 확대(가입국 9개국) | 1975년 로메협정(~99) |
| 1979 | 유럽의회의 제1회 직접선거(제2회 84년, 제3회 93년, 제4회 94년, 제5회 99년) | |
| 1981 | EC 제2차 확대(그리스의 EC 가입, 가입국 10개국) | 1982년 마루가타 마가린 사건, 독한 술 사건, 일본제품에 대한 '푸아티에 전투', EC의 대소련, 대아르헨티나 경제제재<br>1984년 루이지, 까르본느사건(서비스 수령자) |
| 1985 | 드롤 EC 위원회의 시장통합정책 : '국경 없는 역내시장의 완성' | 1985년 클레비어 사건 |
| 1986 | EC 제3차 확대(스페인, 포르투갈의 EC 가입, 가입국 12개국)<br>유럽단일의정서 서명(1987년 7월 1일 | 1988년 블레조 사건 |

| | | |
|---|---|---|
| | 발효) | |
| 1989 | 베를린 장벽 붕괴(동서대립의 해소) | 1989년 코완 사건(범죄피해보상) |
| 1990 | 동·서독의 통합 | 1990년 유자력자, 퇴직자, 학생 자유이동 가능 |
| 1991 | 마스트리히트 유럽이사회(EU 조약안에 합의)<br>소비에트 연방의 붕괴(동서대립, 냉전구조의 해소) | 1991년 안토네신 사건(구직자의 자유이동, 거주), 일본·유럽의 일본차 수출 자주규제합의, 일본·EC 공동선언 |
| 1992 | EU 조약 서명(마스트리히트 조약, 1993년 11월 1일 발효)<br>덴마크, 국민투표로 비준 부결(93년 제2회 투표로 비준) | 1993년 'EU 시민으로서의 지위' 창설(마스트리히트 조약 |
| 1994 | EEA(European Economic Area) 조약의 발효(1월 1일) | |
| 1995 | EU 제4차 확대(오스트리아, 핀란드, 스웨덴의 EU가입(가입국 15개국)) | 1995년 WTO 발족 |
| 1997 | EU 조약 서명(암스테르담 조약, 1999년 5월 1일 발효) | 1997년 성장호르몬 소고기 사건(WTO) |
| 1998 | 영국, 프랑스의 생말로 공동선언(EU의 안전보장, 방위정책 형성) | |
| 1999 | 통화통합 제3단계 개시(2002년 1월부터 유로화 유통)<br>상테르 EC위원회의 부정부패로 인한 총사퇴 | |
| 2000 | 니스 유럽이사회에서 'EU 기본권헌장'의 선언(12월) | 2000년 코토누 협정(2003년 발효) |
| 2001 | EU조약서명(니스조약, 2003년 2월 1일 발효) | 2001년 일·EU 협력행동계획<br>2002년 EU의 개인경제제재(카디 사건) |
| 2004 | EU 제5차 확대(리투아니아, 라트비아, 에스토니아, 폴란드, 체코, 슬로바키아, 슬로베니아, 헝가리 몰타, 키프로스 EU 가입(가입국 25개국))<br>유럽헌법조약서명(로마, 10월) | 2004년 마이크로소프트 사건<br>항공여객의 권리규칙<br>주변국가정책(ENP)의 개시 |

| | | |
|---|---|---|
| 2005 | 유럽헌법조약의 비준 부결(5월 프랑스, 6월 네덜란드 국민투표에서 부결) | 2005년 카디사건(제1심, 2008년 상소심) |
| 2007 | 리스본조약 서명(12월)<br>EU 제6차 확대(루마니아, 불가리아의 EU 가입(가입국 27개국)) | |
| 2008 | 아일랜드, 국민투표로 리스본조약 비준 부결(6월, 2009년 10월 제2차 투표에서 비준) | |
| 2009 | 리스본조약의 발효(12월 1일) | 유로화 위기(2009–2012) → 2012 ESM조약<br>2010년 바다표범 사건(WTO, EU)<br>2011년 삼브라노 사건(EU 시민) |
| 2013 | EU 제7차 확대(7월, 크로아티아 가입(가입국 28개국)) | |

## 저자 약력


나카무라 타미오(中村民雄)

동경대학 법학부 졸업 및 동 대학 대학원 법학·정치학 연구과 석사과정 수료(법학석사)
런던대학 법학 석사과정 수료(LL.M.)
동경대학 대학원 법학·정치학 연구과 박사과정 수료(법학박사)
세이케이 대학 법학부 교수 역임
동경대학 사회과학연구소 교수 역임
현재 와세다 대학 법학학술원 교수

## 역자 약력

### 박덕영

연세대학교 법과대학 졸업
연세대학교 대학원 법학석사, 법학박사
영국 University of Cambridge 법학석사(L.L.M.)
영국 University of Edinburgh 박사과정 마침
교육부 국비유학시험 합격
(현) 연세대학교 법학전문대학원 교수

대한국제법학회 부회장
한국국제경제법학회 회장
산업통상자원부 통상교섭민간자문위원
대한민국 국회 입법자문위원
법제처 정부입법자문위원
연세대 SSK 기후변화와 국제법연구센터장
연세대 외교통상학 연계전공 책임교수

「알기 쉬운 국제중재」, 「국제법 기본조약집」, 「국제경제법 기본조약집」, 「국제투자법과 환경문제」, 「중국의 기후변화대응과 외교협상」, 「일본의 환경외교」, 「국제환경법」, 「국제환경법 주요판례」, 「국제투자법」, 「국제경제법의 쟁점」, Legal Issues on Climate Change and International Trade Law, Springer, 2016 외 국제통상법, 국제환경법 분야 국내외 저서와 논문 다수

### 윤재훈

고려대학교 법과대학 졸업
연세대학교 법학전문대학원 법무석사
(현) 법무법인(유한) 지평 변호사
외교통상부 평가위원

### 정정민

연세대학교 법과대학 졸업
연세대학교 법학전문대학원 법무석사

EU란 무엇인가

초판발행 2018년 5월 30일

지은이 나카무라 타미오(中村民雄)
옮긴이 박덕영·윤재훈·정정민
펴낸이 안종만

편 집 박송이
기획/마케팅 송병민
표지디자인 김연서
제 작 우인도·고철민

펴낸곳 (주) 박영사
서울특별시 종로구 새문안로3길 36, 1601
등록 1959. 3. 11. 제300-1959-1호(倫)

전 화 02)733-6771
f a x 02)736-4818
e-mail pys@pybook.co.kr
homepage www.pybook.co.kr
ISBN 979-11-303-3069-3 93360



정 가 22,000원